L: Fontane.

ERNST-OTTO DENK   HELMUT OTTO   VOLKER PANECKE

Louis Henri Fontane

Leben und Schicksal
eines Dichtervaters

findling verlag

schiffmühle

In diesem Buch erhalten Sie Einblicke in neue Erkenntnisse und Auffassungen zur Familie Fontane. Sie erfahren mehr über Louis Henri Fontanes Haus an der Oder in Schiffmühle sowie über erstmalig entdeckte Dokumente, unter anderem das Testament des Dichtervaters.

Inhaltsverzeichnis

Vorwort – Fontane 2017 und 2019 Hans-Joachim Cornel — 7

EINBLICKE UND ERKENNTNISSE
Warum ein Buch über Louis Henri Fontane? Volker Panecke — 10
Gedanken zu den Jubiläen Dr. Ernst-Otto Denk — 12
Zeittafel zum Leben Louis Henri Fontanes — 14
Louis Henri Fontane – wer war er? Volker Panecke — 16
Die Fontanes – eine Hugenottenfamilie Volker Panecke — 23
Vierzig Jahre später – Ein Intermezzo Theodor Fontane — 27
… bald bloß noch ein bisschen Staub Horst Bosetzky — 40
Intime Einblicke – Briefe Volker Panecke — 44
Das Grab von Louis Henri Fontane Helmut Otto — 47

DAS FONTANEHAUS
Das Fontanehaus in Schiffmühle Walter Henkel — 52
Das Fontanehaus in aktuellen Ansichten Helmut Otto — 58
Das Fontanehaus in alten Bildern Helmut Otto — 64
Rekonstruktion und Restaurierung Helmut Otto — 68
Wegbeschreibung zum Fontanehaus und zur Grabstätte — 74

DOKUMENTE MIT ZEITGESCHICHTE
Ein Zufallsfund in Potsdam Volker Panecke — 76
Dokumente der Familie Fontane Helmut Otto — 79
Kirchenbuchauszüge im Hugenottenmuseum — 120

Fundstücke aus alten Zeitungen Helmut Otto	122
Das Fernsehen zu Gast bei Fontane Dr. Ernst-Otto Denk	128
Das Schloss Neuenhagen Dr. Ernst-Otto Denk	130
Epilog Volker Panecke	134

ANHANG

Danksagung	136
Literaturnachweis	138
Autoren	139
Bildquellenverzeichnis	140
Impressum	142

Vorwort
Fontane 2017 und 2019

HANS-JOACHIM CORNEL

Theodor Fontanes 200. Geburtstag im Jahre 2019 wirft seine Schatten voraus. An vielen Orten im Bundesland Brandenburg, aber auch darüber hinaus, wird daran gearbeitet, ein würdiges und zeitgemäßes Programm zu gestalten, das uns neue Blicke auf den scheinbar so bekannten Autor gewähren wird. Im Zentrum wird Fontanes Geburtsstadt Neuruppin stehen, mit dem Haus, in dem er geboren wurde, der Löwen-Apotheke, dem Gymnasium oder dem Grab der Mutter.

Aber Theodor Fontanes Leben und Werk lassen sich natürlich nicht nur auf diesen Ort begrenzen.

Schiffmühle ist einer der ganz wenigen Orte mit einem authentischen Zeugnis des Lebens Theodor Fontanes. Hier steht noch heute das Haus, in dem Louis Henri Fontane, Theodors Vater, in seinem letzten Lebensjahrzehnt wohnte und in dem Theodor mehrfach zu Besuch war. Darüber schrieb Theodor Fontane ein ganzes Kapitel in seinem Buch *Meine Kinderjahre*.

Es ist dem unermüdlichen Engagement der Mitglieder des *Fördervereins Fontanehaus Schiffmühle e.V.* zu verdanken, dass es dieses Haus überhaupt noch gibt. Vor allem ist Helmut Otto zu danken, der das Haus regelmäßig für Besucher öffnet. Er ist Gastgeber und Hüter zugleich.

Im Jahre 2019 wird Theodor Fontane ein großes Thema in Brandenburg sein. Aber bereits im Jahr 2017, in dem sich der Todestag Louis Henri Fontanes zum 150. Mal jährt, ist es der Ort Schiffmühle, der uns mehr als nur einen Vorgeschmack darauf gibt. Dafür vielen Dank und großen Respekt.

Hajo Cornel,
Leiter des Büros »Fontane 200«

Helmut Otto, Volker Panecke und Hajo Cornel im Garten des Fontanehauses in Schiffmühle.

EINBLICKE UND ERKENNTNISSE

Warum ein Buch über Louis Henri Fontane?

VOLKER PANECKE

Eine treffende Antwort auf diese Frage gibt der erstgeborene Sohn von Louis Henri und seiner Ehefrau Emilie, eben der berühmte Schriftsteller Theodor Fontane selbst: *Unser Bestes ist die Tradition. Geht sie verloren, kommt ein Moment, wo wir in diesem und jenem nicht mehr auf den Schultern vieler Voraufgegangener stehen, so empfinden wir uns klein geworden.*

Dementsprechend hält Theodor Fontane das Schöpfen aus der Tradition für eine große Kraftquelle. Louis Henri Fontane, der Vater, ist für Sohn Theodor natürlich ein wichtiger *Voraufgegangener*. Auf seinen Schultern steht er. Ohne Louis Henri gäbe es keine Fontane-Familientradition.

Eine nähere Beschäftigung mit dem Vater des Dichters und seinem Elternhaus ist überfällig. Louis Henri Fontane starb am 5. Oktober 1867. Im Jahr 2017 jährt sich sein Tod zum 150. Mal. Das ist für uns Anlass, dem Dichtervater endlich ein eigenes Buch zu widmen. Bei den Recherchen zum Leben des *Alten in Schiffmühle* stellten wir fest, dass es bislang keine Abhandlung in der Fontane-Forschung gibt, die Louis Henri zum Schwerpunkt hat.

Das vorliegende Buch darf somit als die erste Publikation gelten, die sich hauptsächlich mit dem Leben Louis Henri Fontanes befasst. Als Novität enthält das Buch das Testament von Louis Henri, das bislang selbst professionellen Fontane-Forschern verborgen geblieben war. Den Fund haben wir Helmut Otto zu verdanken. Der Ortschronist von Schiffmühle und Betreuer des Fontanehauses suchte im Landeshauptarchiv in Potsdam nach Materialien über Schiffmühle. Dabei fiel ihm das Testament in die Hände. Ein Zufallsfund, der sich rechtzeitig zum 150. Todestag ergab.

Wenn in diesem Text von *uns* und *wir* die Rede ist, dann verbergen sich dahinter die *Freunde des Fontanehauses*. Das sind zunächst einmal der Freienwalder Augenarzt Ernst-Otto Denk, der bereits genannte Helmut Otto und ich selbst, Volker Panecke, der Autor dieser Zeilen. Wir sind der *Kern* jener Fontane-Freunde und haben uns um das Erscheinen dieses Buches gekümmert. Weiterhin muss unbedingt der Berliner Schriftsteller Horst Bosetzky genannt werden, ein Fontane-Verehrer, der jede Gelegenheit nutzt, das Fontanehaus in Schiffmühle zu besuchen.

Mehrere seiner Bücher handeln von Theodor Fontane. Ein starker Impuls für die Entstehung dieses Buches ging natürlich direkt vom Fontanehaus selbst aus, diesem romantischen Häuschen, dessen Fachwerkmauern auf freundliche Weise erkennen lassen, dass sie schon seit rund 200 Jahren das schicksalhafte Treiben der Menschen beobachten. An diesen Beobachtungen möchte man teilhaben.

Hajo Cornel schreibt in seinem Vorwort ganz treffend: *Schiffmühle ist einer der ganz wenigen Orte mit einem authentischen Zeugnis des Lebens Theodor Fontanes. Hier steht noch heute das Haus, in dem Louis Henry Fontane, Theodors Vater, in seinem letzten Lebensjahrzehnt wohnte …* Solch ein Fundort reizt Forscher und Romantiker gleichermaßen, und manchmal ist man schließlich beides in einer Person.

Der Vater ist aber natürlich nicht der einzige *Voraufgegangene*. Da ist vor allem die Mutter Emilie. Nicht zu vergessen auch Pierre Barthélemy, Theodors Großvater väterlicherseits. Er ist als nicht geringer Bediensteter am Hofe Friedrich Wilhelms II. und dann Friedrich Wilhelms III. ein äußerst interessanter Vorfahre. Durchpflügt man die Vergangenheit, dann kommt mit etwas Glück ein Schatz nach dem anderen zum Vorschein. In den meisten Biographien über Theodor Fontane tauchen der Vater und die Mutter sowie die ferneren Vorfahren nur als Randfiguren auf. In unserem Buch steht Louis Henri im Mittelpunkt. Von ihm ausgehend werfen wir einen Blick zurück auf die mütterlichen und väterlichen Vorfahren Theodor Fontanes. Die beiden Kapitel in diesem Buch »Louis Henri Fontane – wer war er?« und »Die Fontanes – eine Hugenottenfamilie« möchten aufmerksam machen auf die *Voraufgegangenen*.

Die Kapitel in diesem Buch sind zu unterschiedlichen Zeiten entstanden und bisweilen Texte aus früheren Publikationen. Das führt zwangsläufig zu einigen Wiederholungen und Doppelungen, von denen wir meinen, dass man sie akzeptieren kann. Vielleicht darf man sie sogar als Bereicherung ansehen. Es führt ebenfalls zu unterschiedlichen Schreibweisen von Namen. Da ist zum Beispiel *Louis Henri* auch mal als *Louis Henry* zu Papier gebracht. Beides ist richtig. Es kommt auf die Zeit und die Quelle an. Wir haben uns entschieden, die Schreibweise so zu belassen, wie sie in den verschiedenen Artikeln angewandt wurde.

Die Autoren dieses Buches wünschen sich, dass viele Interessierte auf den folgenden Seiten Neuland für sich entdecken.

Gedanken zu den Jubiläen

DR. ERNST-OTTO DENK

Wenn man sich als Historiker mit der Vita eines Verstorbenen beschäftigt, sucht man unterschwellig nach Parallelen zum eigenen Leben. Bei Vater Fontane interessierte mich primär das Lokale. Er starb an der Oder, dem Fluss, an dem ich geboren wurde. Und noch etwas: Als ich mich selbst meinem 71. Geburtstag näherte, begann ich intensiver über den mit 71 Jahren verstorbenen Louis Henri nachzudenken. Theodor Fontane feierte seine großen Triumphe im Alter von 70 Jahren. Das waren für mich zeitliche Positionen, die ich keineswegs übersehen mochte und wollte.

Zugegeben, mein Interesse am Fontanehaus in Schiffmühle war lange Zeit nicht besonders groß. Als ich jedoch in einem Fontane-Buch den Bericht über seinen Besuch beim Vater in Schiffmühle las, war mein Interesse geweckt. Ich wollte das Haus unbedingt kennen lernen und aus dem Fenster schauen, aus dem der *Alte* seinem Sohn entgegensah, wenn dieser über die Oderbrücke marschierte. Die damalige Mieterin, Frau Kluge, ließ mich ein und erklärte mir die Funktionen der einzelnen Stuben. Von dem Ausblick aus dem Giebelzimmer war ich jedoch enttäuscht, denn inzwischen waren die Bäume so hoch gewachsen, dass sie den Blick auf die Oder versperrten. Dieser Besuch blieb zunächst mein einziger.

Dann kam das Wendejahr 1989, und es gründete sich unter dem Vorsitz von Walter Henkel der Verein zur Restaurierung des Sterbehauses von Louis Henri Fontane. Diesen Prozess verfolgte ich nur nebenbei. Nach der Wende hatte fast jeder einen komplizierten Umstellungsprozess vor sich. Und ich gebe zu, dass ich die Transformation von einem angestellten Mediziner im Arbeiter- und Bauernstaat in die Freiberuflichkeit nicht einfach fand.

In den Nachwendejahren haben die Vereinsmitglieder des Fontanehauses eine grandiose Arbeit geleistet. Das Haus entstand wie Phönix aus der Asche und war schöner als je zuvor. Die Zeiten verharrten nicht still und eines Tages erhielt ich die Option, die Herausgabe des Heimatbuches *Viadrus* zu übernehmen. Dadurch lernte ich 2014 Helmut Otto kennen, der damals bereits Leiter des Fontanehauses war. Es entwickelte sich eine ausgezeichnete Kooperation mit ihm und das Heimatbuch

Viadrus bestand weiter. Für mich ging damit ein großer Traum in Erfüllung. Die Herausgabe einer eigenen heimatkundlichen Edition wurde für mich außerdem zur Brücke zum Fontanehaus und zu Louis Henri Fontane.

Bei einem Besuch bei Herrn Otto im Jahr 2015 fiel mir die Tafel mit dem Todesjahr von Louis Henri Fontane, 1867, auf. Fast 150 Jahre war das her. Ein wunderbares Jubiläum. In den Medien bemerkte man zu der Zeit die ersten Hinweise auf das Jubiläum des 200. Geburtstages Theodor Fontanes. Ohne Vater kein Dichter! Wir beschlossen kurzerhand, beide Jubiläen nicht getrennt zu sehen, betrachteten sie als Einheit.

Eines Tages erschien vor dem denkmalgeschützten Grundstück ein freundlicher Zeitgenosse aus Potsdam. Er stellte sich als Hans-Joachim Cornel vor und berichtete uns, dass er von der Landesregierung Brandenburg beauftragt worden war, das Fontane-Jahr 2019 würdig vorzubereiten. Die Existenz des Hauses sei ihm bekannt, er wollte sich jedoch ein eigenes Bild von der Situation machen. Monate später trafen wir uns wieder und schmiedeten Pläne. Schließlich traf sich das Triumvirat des Fontanehauses, Helmut Otto, Volker Panecke und ich selbst, zu einem offiziellen Gespräch in den Räumen der Brandenburgischen Gesellschaft für Kultur und Geschichte zu Potsdam. Wir schlugen dem anwesenden Forum vor, dem *Fontanevater* eine Buchedition zu widmen. Wir fanden Gehör und nahmen die nicht leichte Aufgabe in Angriff.

Am Anfang stand das Materialsammeln. Das war nicht gerade einfach, denn zur Person des Vaters fanden wir weder eine Diplomarbeit, noch eine Promotion. Während Theodor Fontane und die Vielzahl seiner Werke, Briefe und Reportagen von den verschiedenen Autoren nahezu atomisiert wurden, blieb der Vater anscheinend stets außen vor. Man musste sich mit dem wenigem Gedruckten zufrieden geben. Helmut Otto begann augenblicklich mit seinen Recherchen. Er besuchte das Fontane-Archiv, das Kreisarchiv Eberswalde und das Landesarchiv Brandenburg. Bald wurde er dort ein bekannter Besucher. So entdeckte er Testamente der Fontanes, fand Sterbeurkunden und familiäre Hinweise im Hugenottenmuseum am Berliner Gendarmenmarkt. Das Material nahm rasch an Umfang zu.

Nun halten die Leserinnen und Leser das fertige Buch in den Händen und ich wünsche allen viel Freude beim Lesen.

Zeittafel zum Leben Louis Henri Fontanes

1796	24. März: Geburt in Berlin
1806	Besuch des Gymnasiums zum Grauen Kloster
1809	Lehre in der Berliner Elefanten-Apotheke
1813	freiwilliger Militärdienst in den Befreiungskriegen, am 2. Mai Schlacht bei Groß-Görschen, es folgen die Schlacht bei Bautzen und weitere Gefechte, später Zuweisung in eine Feldlazarett-Apotheke, am 11. Dezember Rückkehr nach Berlin, es folgen Anstellungen in Danzig und Berlin
1818	Vorbereitung auf das Examen, Verlobung mit Emilie Labry, der ältesten Tochter des Seidenkaufmannes Labry in Berlin
1819	Abschluss mit Staatsexamen, 24. März: Heirat in Berlin, 27. März: Übernahme der Löwen-Apotheke in Neuruppin, 30. Dezember: Geburt des ersten Sohnes Heinrich Theodor in Neuruppin
1821–1826	Geburt der Kinder Rudolf, Jenny und Max
1826	8. Juli: Verkauf der Löwen-Apotheke, Mietwohnung in der Nähe des Rheinsberger Tores in Neuruppin
1827	im Juni: Erwerb der Adler-Apotheke in Swinemünde
1832	Ostern: der Sohn Theodor verlässt Swinemünde, um das Gymnasium in Neuruppin zu besuchen
1837	Erwerb der Adler-Apotheke in Mühlberg (Elbe)
1838	Geburt der Tochter Elise, Verkauf der Apotheke in Mühlberg, Erwerb der Apotheke in Letschin im Oderbruch

1841–1846	längere Aufenthalte des Sohnes Theodor in Letschin zur Erholung bzw. zur Arbeit in der väterlichen Apotheke
1848	12. März: Reise nach Berlin, nachdem der Sohn über die Ereignisse des Revolutionstages in Berlin berichtet hatte
1850	offizielle Trennung von der Ehefrau Emilie (ohne Scheidung)
	1. Oktober: Verkauf der Apotheke in Letschin an den Schwiegersohn Hermann Sommerfeldt,
	16. Oktober: Teilnahme an der Hochzeit des Sohnes Theodor in Berlin, danach Umzug nach Neustadt-Eberswalde
1852	finanzielle Unterstützung zur Reise Theodors nach England, im Juli erhält Louis Henri die Tagebuchnotizen über die Englandreise des Sohnes
1855	Umzug nach Schiffmühle
1859	der junge Maler Hellmuth Raetzer aus Schiffmühle (Neutornow) zeichnet ein Bleistiftporträt von Louis Henri
1867	5. Oktober: Tod in Schiffmühle,
	8. Oktober: Beisetzung auf dem Friedhof Neutornow

Louis Henri Fontane, 1859,
Bleistiftporträt von Hellmuth Raetzer

Louis Henri Fontane – wer war er?

VOLKER PANECKE

Da steht man vor diesem alten Fachwerkhäuschen in Schiffmühle, in dem der Vater des Dichters Theodor Fontane, Louis Henri Fontane, die letzten zwölf Jahre seines Lebens verbrachte und in dem er am Abend des 5. Oktober 1867 starb. Die Gedanken beginnen zu kreisen und formen Fragen, Überlegungen, Deutungen und Antworten. *Wer war er, dieser Louis Henri?*

Für uns heute natürlich zuallererst der Vater des berühmten Theodor. Ohne die Berühmtheit des Sohnes wäre das Haus in Schiffmühle weniger interessant. Da aber der Schriftsteller Theodor heute Anerkennung in höchstem Maße erfährt und man ihn 2019 anlässlich seines 200. Geburtstages feiert und ehrt, nährt das die Fragen nach seiner Herkunft.

Sein Vater Louis Henri Fontane lebte von 1796 bis 1867. Seine Mutter Emilie Louise Labry lebte von 1797 bis 1869. Die beiden heiraten am 24. März 1819. Auf jenen 24. März fiel übrigens auch Louis Henris 23. Geburtstag.

Am 30. Dezember 1819 wurde dem Paar das erste Kind geboren: Heinrich Theodor Fontane. Der spätere Dichter bekam vier Geschwister: Carl Johann Rudolph (1821–1841), Jenny Eveline (1824–1904), Gustav Maximilian (1826–1860) und Elisabeth Charlotte (1838–1923). Bis auf Elisabeth Charlotte erblicken alle Kinder in Neuruppin das Licht der Welt.

An dieser Stelle sei angemerkt, dass Louis Henri Fontane nicht nur einen berühmten Sohn, sondern auch einen äußerst bemerkenswerten Vater hatte. Pierre Barthélemy Fontane (1757–1826) gab den Kindern von Friedrich Wilhelm II. von Preußen (1744–1797) Zeichenunterricht. Deren Mutter war Friederike Luise von Hessen-Darmstadt (1751–1805). Zu dem höfischen Nachwuchs, der durch Pierre Barthélemy im Zeichnen geschult wurde, gehörten der spätere König Friedrich Wilhelm III. sowie Wilhelmine, die spätere Königin der Niederlande. 1797 bestieg Friedrich Wilhelm III. den Thron. Am Hofe Friedrich Wilhelm III. von Preußen (1770–1840) war Pierre Barthélemy Fontane dann als Kabinettssekretär der Königin Luise (1776–1810) tätig, jener Luise von Mecklenburg-Strelitz, die mit ihrer Schönheit, ihrer Anmut und ihren ungezwungenen Umgangsformen schon zu Lebzeiten hohe Verehrung erfuhr. Nach ihrem frühen Tod, sie starb im Alter von nur

34 Jahren, verstärkte sich diese Verehrung noch. Als die Königsfamilie nach der verlorenen Schlacht von Jena und Auerstedt 1806 nach Königsberg fliehen musste, endete Pierre Barthélemys Tätigkeit als Luises Kabinettssekretär. Er erhielt stattdessen die Stelle des Kastellans von Schloss Hohenschönhausen. In dieser Kastellan-Zeit besucht Louis Henri das Gymnasium zum Grauen Kloster in Berlin, vermutlich bis 1809. Danach wurde er Apotheker-Lehrling in der Berliner Elefanten-Apotheke. Nach mehreren Stationen als Apothekergehilfe legte Louis Henri 1819 das Staatsexamen als Apotheker II. Klasse ab.

Doch noch einmal zurück zum Vater Louis Henris: Pierre Barthélemy stand nacheinander im Dienste zweier Königinnen mit dem gleichen Namen: *Luise*. Dies führte selbst beim Enkel Theodor zu Irritationen und Verwechslungen, die sich als Fehler in seine autobiographische Schrift *Meine Kinderjahre* einschlichen. Die dort zu findende Darstellung liest sich nämlich so, als hätte Pierre Barthélemy den Kindern der Luise von Mecklenburg-Strelitz Zeichenunterricht erteilt. Dieser Verwechslung folgen bis heute viele Fontane-Biographen. Der hoch geschätzte und sehr verdienstvolle Fontane-Forscher Manfred Horlitz, der bis 1995 das Fontane-Archiv in Potsdam leitete, wies in der Biographie *Theodor Fontanes Vorfahren, neu erschlossene Dokumente, überraschende Entdeckungen* nach, dass dies ein Irrtum ist.

Kehren wir zurück zu Louis Henri Fontane und der Frage, wer er war. Einfacher ist zunächst zu fragen, was er war, jedenfalls wenn wir seine Profession ins Auge fassen. Die Antwort lautet: Er war Apotheker. Doch um den Beruf geht es nicht allein.

Das Fontanehaus in einer Luftbildaufnahme aus dem Jahre 2016.

Wer und wie war er? Das wird gewöhnlich gefragt, wenn es um die menschlichen Eigenheiten, den Charakter und das Wesen einer Person geht. Dazu lassen wir Katharina Grätz zu Worte kommen, die mit ihrer in jüngerer Zeit erschienenen Fontane-Biographie *Alles kommt auf die Beleuchtung an*, einen sehr erfrischenden Beitrag zur Fontane-Darstellung und -Deutung geleistet hat. Ihr Urteil ist nicht sehr schmeichelhaft, entspricht aber im Prinzip den bekannten Einschätzungen in der Fontane-Literatur. In der Biografie heißt es: *Der Vater war leichtlebig, eine Spielernatur, zwischen 1819 und 1826 verlor er beim Whistspiel erhebliche Summen.*

Das Whistspiel entstand Ende des 17. Jahrhunderts in England als Kartenspiel für vier Personen. Aus diesem Whistspiel entwickelte sich gegen Ende des 18. Jahrhunderts das Bridgespiel. Weiter heißt es über Louis Henri in dieser Biographie: *Nur der Verkauf von Haus und Geschäft konnte ihn aus der Überschuldung retten, was für die Familie ein unstetes Leben zur Folge hatte. Notwendig wurden Umzüge nach Swinemünde, Mühlberg an der Elbe und Letschin im Oderbruch, wo der Vater neue Apotheken erwarb.*

Insgesamt gehörten ihm im Laufe seines Lebens vier Apotheken, die er mehr oder weniger erfolgreich führte. Der Fontane-Forscher Manfred Horlitz sieht neben der Spielleidenschaft als Ursache hierfür *auch ein gewisses Maß an geschäftlicher Untüchtigkeit*. Manche Biographen meinen auch, er sei *sehr dem Wein zugetan* gewesen.

Louis Henris erste Apotheke war die Löwen-Apotheke in Neuruppin. Diese erwarb er im Frühjahr 1819 mit kräftiger finanzieller Unterstützung durch seinen Vater, Pierre Barthélemy Fontane. Die Liste der Taufpaten seiner in Neuruppin geborenen Kinder belegt, dass es Louis Henri und seiner Frau Emilie gelungen war, im gehobenen Kreis der Stadt Neuruppin Fuß zu fassen. Der junge Apotheker war ein geschätztes Mitglied der oberen gesellschaftlichen Schicht der preußischen Garnisonsstadt. Zugleich begann er jedoch jener gesellschaftlichen Zerstreuung zu frönen, die zu den von Katharina Grätz geschilderten Problemen führte. Theodor Fontane bezeichnete diese später als *noble Passionen* und stellt dazu in *Meine Kinderjahre* fest: *Er ... ging aber bald zur Spielpassion über und verspielte, während der sieben Jahre von 1819 bis 26, ein kleines Vermögen. Der Hauptgewinner war ein benachbarter Rittergutsbesitzer.*

Im Jahre 1826 verkaufte Louis Henri die Apotheke in Neuruppin, um ein Jahr darauf im pommerschen Swinemünde die dortige Adler-Apotheke erwerben. Doch nach zehn Jahren endete das Swinemünde-Kapitel.

Dann gab es eine kurze Episode in Mühlberg an der Elbe. Dem Kauf der dortigen Apotheke im Jahre 1837 folgte schnell der erneute Verkauf 1838. Die Station Mühlberg erlangte auf jeden Fall dadurch Bedeutung, dass in diesem Ort an der Elbe 1838 die Tochter Elisabeth Charlotte geboren wurde. Louis Henri war 1838 nunmehr 42 Jahre alt und seine Ehefrau Emilie hatte das 41. Lebensjahr erreicht. Es begann nun der letzte Akt des Louis Henri Fontane als selbstständiger Apotheker. Dieser fand in Letschin im Oderbruch statt.

Im August 1838 erwarb Louis Henri von dem Apotheker Carl Ludwig Oltmann die dortige Apotheke. Etwa 100 Jahre später, im Jahr 1930, wird diese Apotheke den Namen *Fontane-Apotheke* erhalten. Zwölf Jahre war Louis Henri Fontane Apotheker in Letschin. Im Oktober 1850 verkaufte er die Apotheke an seinen Schwiegersohn Herrmann Sommerfeldt (1820–1902), der ebenfalls Apotheker war. Sommerfeldt hatte 1850 die Tochter Jenny geheiratet.

Auch in Letschin war Louis Henri wieder in wirtschaftliche Bedrängnis geraten. So kann und muss man es als Glücksfall ansehen, dass in Gestalt des Schwiegersohnes ein Käufer auftauchte, der dem Schwiegervater günstige Konditionen gewährte.

In der Apotheke in Letschin arbeitete Theodor Fontane 1843/1844 sowie 1845 für mehrere Monate bei seinem Vater. Dafür gab es zwei vom Vater ausgestellte Arbeitszeugnisse. Das erste Zeugnis ist datiert mit dem 2. April 1844. Das zweite Zeugnis trägt das Datum 2. Juli 1845. Dem Wunsch seiner Eltern folgend, hatte Fontane 1836 eine Apothekerlehre begonnen, die er 1840 erfolgreich als Apothekergehilfe abschloss. 1847 erhielt er die Approbation als Apotheker I. Klasse. 1848 trat er im Berliner Krankenhaus Bethanien eine Stelle als pharmazeutischer Ausbilder an, verlor diese jedoch bereits 1849. Dies wurde zur Zäsur in seinem Leben. Er hängte den

Blick auf die Fontane-Apotheke in Letschin.

Alter Schlüssel zum Hintereingang des Fontanehauses. Das Kastenschloss, zu dem er gehört, ist so alt, dass Louis Henri diesen Schlüssel benutzt haben könnte.

Apothekerkittel an den Haken und arbeitete von nun an als Journalist und Buchautor. Welch ein Glück für die Literatur-Welt!

In die Letschin-Zeit fällt die Trennung des Ehepaares Louis Henri und Emilie. In den meisten Biographien wird 1847 als Trennungsjahr genannt. Manfred Horlitz, dessen Recherchen als sehr zuverlässig gelten, nennt das Jahr 1850. In seiner Fontane-Biographie heißt es: *Im Jahre 1850 trennten sich im beiderseitigen Einvernehmen (ohne offizielle Scheidung) Fontanes Eltern nach dreißigjähriger Ehe.* Der Literaturhistoriker Gotthard Erler, ein exzellenter Fontane-Kenner, gab dem Autor dieses Aufsatzes dazu folgende Erklärung: *Die Trennung der alten Fontanes zog sich hin, seit 1847 lebten sie wohl nicht mehr zusammen, offiziell trennten sie sich erst 1850.* Das ist ein Sachverhalt, den man bislang in keiner Biographie lesen konnte. Man muss davon ausgehen, dass die letzten Jahre in Letschin eine schwere Zeit für Louis Henri und dessen Familie waren.

Wie kam Louis Henri Fontane schlussendlich nach Schiffmühle? Die genauen Geschehnisse liegen im Dunkeln. Zunächst zog er 1850 nach Neustadt/Eberswalde. Dort lebte er fünf Jahre lang in einer Mietwohnung, bevor er dann, im Jahr 1855, das Haus in Schiffmühle kaufte.

Wieso Schiffmühle? Auf welche Weise hat er das Haus gefunden? Wie viel hat er dafür bezahlt und woher hatte er das Geld? Stammte es noch von dem Verkauf der Apotheke in Letschin? Oder unterstützte ihn sein Schwiegersohn Sommerfeldt, der die Letschiner Apotheke geschäftlich sehr erfolgreich führte? Auf diese Fragen gibt es bislang keine Antworten. Ziemlich sicher ist, dass Emilie Fontane das Haus von Louis Henri in Schiffmühle nie betreten hat, obwohl sie seine Ehefrau geblieben war. Obgleich die Trennung der beiden *gütlich* ablief, gingen sich Emilie und Louis Henri offensichtlich aus dem Wege. Es kann gut sein, dass sich die beiden nach der Trennung 1850 nie wieder persönlich begegnet sind.

Dieser Schluss drängt sich auf, wenn man erfährt, dass Emilie nach allen bekannten Berichten nicht an der Hochzeit ihres Sohnes Theodor teilgenommen hat. Theodor heiratete am 16. Oktober 1850 in Berlin Emilie Rouanet-Kummer, mit der er seit 1845 verlobt war. Dass Louis Henri als Gast dabei war, ist ausführlich belegt, einschließlich des Umstandes, dass er sich merklich verspätete. Von Theodors Mutter Emilie ist nirgendwo die Rede.

War es Emilie, von der die Abneigung ausging, sich wiederzubegegnen? Dass Menschen auseinanderlaufen, die sich einst liebten, kommt oft vor. Doch der Hochzeit des Sohnes fernzubleiben, ist etwas, was schwer wiegt. Von einer Krankheit ist als Hinderungsgrund nichts bekannt. *Bis dass der Tod Euch scheidet*, diese Sentenz hört ein jedes Brautpaar bei der Trauung in der Kirche. Louis Henri und Emilie haben mit ihrer Trennung nicht bis zum Tode gewartet. Was hat Emilie empfunden, als sie 1867 vom Tode ihres Mannes erfuhr, mit dem sie immerhin fünf Kinder hatte? Es ist nicht bekannt. Fest steht nur, nachdem Louis Henri im Oktober gestorben war, führte sie kein Weg nach Schiffmühle. Sie kam nicht in das Totenhaus, besuchte nicht die Leichenhalle der Kirche im benachbarten Neutornow und blieb auch der Beisetzung am 8. Oktober 1867 fern. Sie befand sich in Neuruppin, wo sie seit 1854 wohnte und Briefe belegen, dass sie nicht reiseunfähig war.

Bekannt ist, dass Louis Henri in Schiffmühle eine Haushälterin hatte, die mit ihm im Haus wohnte. Ihr Name war Luise. Louis Henri hat sie in seinem Testament bedacht. Diese beiden unter einem Dach? Wie muss man das sehen? Klaus-Peter Möller, kenntnisreicher Mitarbeiter des Fontane-Archivs in Potsdam, meint hierzu: *Das war wohl keine Liebesbeziehung, eher eine Art Wohngemeinschaft, denn er hat ihr für die Haushaltsführung etwas gezahlt. Außerdem soll sie geistig recht schlicht gewesen sein.*

So ist wohl anzunehmen, dass Louis Henri in seinen letzten Lebensjahren einsam war. Wenn die Ehefrau nach dreißig Jahren geht, so ist das bitter. Aber es ist auch für die Ehefrau bitter, wenn ihr Mann Umstände herbeiführt, die ein Bleiben schwierig machen. Hat die wirtschaftliche Schieflage der Apotheke in Letschin das Fass zum Überlaufen gebracht? Wie bei vielen Ehekatastrophen ist es auch hier schwer, den Stab zu brechen.

Nach allem – was überliefert ist, war Louis Henri ein geselliger und unterhaltsamer Mensch, der geistreiche Plauderei liebte. Er steckte voller Geschichten. Dass er intelligent war und zielgerichtet arbeiten konnte, beweist seine erfolgreiche Apothekerlehre, die ihn zügig bis zum Staatsexamen führte.

Der renommierte Fontane-Spezialist Helmuth Nürnberger kommt in seiner Biographie *Fontanes Welt* zu folgender Einschätzung: *Louis Henri hat viel von einem Künstler, wenn ihm auch Ehrgeiz und Kraft zu wirklichen Leistungen fehlen. Er ist ein*

Wortemacher von der gefälligen Observanz, Gespräch und Erzählung genügen ihm ... Gewiß, er ist nicht seriös. Er ist komisch.

Weiter heißt es bei Nürnberger: *Er ist ein prächtiger Aufschneider und dabei von einer liebenswürdigen Bescheidenheit und Frische. Die Gebildeten fürchtet er nicht, er hat sie gründlich durchschaut. Er plaudert gern vom Vergangenen und hat Sinn für Größe, aber er verliert sich nicht an die Nostalgie. Selbstredend versagt er, ähnlich wie Thomas Manns Schaumweinfabrikant Krull, der viele Züge von ihm hat, im sogenannten Lebenskampf. Aber das tun auch Größere und nicht alle sind so bußfertig wie er.*

Möglicherweise litt er darunter, von Natur aus kein Geschäftsmann zu sein, aber es sein zu müssen. Denn ein selbstständiger Apotheker musste um den Preis seiner Existenz ein kalkulierender Kaufmann sein. So lebte er in diesem Beruf ständig gegen seine Natur an. War es womöglich dieser Konflikt, der sich in der Spielleidenschaft ein Ventil suchte und ihn schließlich geschäftlich wie privat scheitern ließ?

Seine Lust am Plaudern hat Louis Henri an seinen Sohn Theodor weitergegeben. Der hat aus der Freude am Erzählen seinen Beruf gemacht. Als Theodor im Jahre 1849 seiner Apothekerlaufbahn entsagte, mag dieser Entschluss auch ein Resultat des unrühmlichen Vorbildes seines Vaters gewesen sein.

Wenn man sich fragt, wo die Wurzeln für das schriftstellerische Talent Theodor Fontanes liegen, reicht der Verweis auf die Plauderleidenschaft des Vaters sicher nicht aus. Man darf davon ausgehen, dass Theodor nicht zuletzt von der musischen Begabung seines Großvaters Pierre Bartélemy etwas geerbt hat. In den vorgehenden Generationen gab es bei den Fontanes künstlerisch begabte Zinngießer. Auch bei den Vertretern der mütterlichen Linie, den Labrys, waren kunsthandwerkliche Fähigkeiten vorhanden. Man sieht, der Quellen sind da viele, aus denen sich das künstlerische Genie Theodor Fontane hat speisen dürfen.

Theodor Fontane, der in mancher Hinsicht das Leben mit einem Augenzwinkern nahm, hat sich in seiner Kriminalnovelle *Unterm Birnbaum* einen Spaß erlaubt, der dem Bild von seinen Eltern einige Farbtupfer hinzufügt. Er hat das Gastwirtehepaar Abel Hradscheck und Ursula Vincentia Hradscheck mit gewissen Zügen seiner Eltern ausgestattet. Schon den Namen *Hradscheck* hat Theodor hintersinnig gewählt. Er bedeutet nämlich auf tschechisch *kleiner Spieler*. Die Geschichte spielt in dem Ort Tschechin, hinter dem sich leicht erkennbar Letschin verbirgt. Ehemann Abel trinkt und spielt gern, Ehefrau Ursula Vincentia sieht sich einer gehobenen bürgerlichen Welt zugehörig. Es knirscht recht häufig.

Manchmal offenbaren Romane und Novellen vielleicht mehr, als es Geburtsregister und Taufscheine vermögen.

Die Fontanes – eine Hugenottenfamilie

VOLKER PANECKE

In dem Kapitel über das Grab Louis Henri Fontanes geht der Autor Helmut Otto auf die seltsame Schreibweise des Namens auf dem Grabstein ein. Er verweist darauf, dass es wahrscheinlich die französische Aussprache des Vornamens Henri war, die beim Steinmetz aus dem *E* in Henri, ein *A* werden lies. Diese Erklärung entspricht auch meiner Sicht der Dinge und ist wahrscheinlich die einzig schlüssige Deutung dieses Buchstaben-Phänomens.

Nicht selten wird gefragt, ob dieser Fehler den Sohn Theodor nicht gestört habe. Dazu ist nichts überliefert, jedenfalls nicht durch die bislang vorliegende Fontane-Forschung. Man kann sich allerdings gut vorstellen, wie es damals gewesen sein mag. Am Tag der Beisetzung war der Stein noch nicht fertig. Es gab einen Grabhügel, bedeckt mit Blumen und Kränzen. Als der Steinmetz dann einige Zeit später den Stein lieferte, mag der Dichter geschmunzelt haben ob dieses deutsch-französischen Sprachkauderwelschs. Vielleicht hat er sich aber auch geärgert. Einen neuen Stein anzufertigen wäre teuer geworden. Theodor musste zu dieser Zeit finanziell sparsam kalkulieren. Dennoch: Wäre sein Groll groß gewesen, hätte er sicher noch einmal in die Tasche gegriffen. Wahrscheinlicher ist, dass er die Sache gelassen sah.

Louis Henri Fontanes Grabplatte mit fehlerhaft eingemeißeltem Namen auf dem Friedhof in Neutornow.

Wieso kam es überhaupt zu einer französischen Aussprache des Namens *Henri*? Die Antwort ist denkbar einfach: Die fernen Vorfahren Theodor Fontanes waren Franzosen. Genauer gesagt, Hugenotten, französische Protestanten. Ohne in die Religionstheorie abschweifen zu wollen, sei nur Folgendes angemerkt: Die französischen Protestanten sind nicht mit den Lutheranern gleichzusetzen. Die Hugenotten waren stark von der Lehre Johannes Calvins beeinflusst. Insofern gibt es gewisse Unterschiede zur Glaubenslehre der Lutheraner. Aber die Gemeinsamkeiten sind stark.

Die Hugenotten waren zwischen dem 16. und 18. Jahrhundert in Frankreich der Verfolgung durch die herrschenden katholischen Kräfte ausgesetzt. Viele wurden umgebracht. Als besonders schlimmes Massaker gilt die Bartholomäusnacht vom 23. zum 24. August 1572. Dies war die Hochzeitsnacht von Heinrich von Navarra mit Margarete von Valois. In dieser Nacht wurden in Paris etwa 2000 Hugenotten getötet. Die Hochzeit ist auch als *Pariser Bluthochzeit* bekannt.

In der schöngeistigen Literatur findet man eine treffende und spannende Darstellung des Geschehens in dem zweibändigen historischen Roman *Die Jugend des Königs Henri Quatre* und *Die Vollendung des Königs Henri Quatre* von Heinrich Mann. Die Existenz der Hugenotten erhielt unter Heinrich von Navarra (Heinrich IV.) durch das Edikt von Nantes im April 1598 eine gewisse Freiheit und Sicherheit. Knapp 100 Jahre später, im Oktober 1685, widerrief König Ludwig XIV. das Edikt von Nantes. Dadurch verloren die französischen Protestanten sämtliche religiösen und bürgerlichen Rechte. Ihre Alternativen hießen: Übertritt zum katholischen Glauben oder Flucht ins Ausland. Hunderttausende flohen binnen kurzer Zeit in die Niederlande, in die Schweiz und nach Preußen. Zu diesen bedrängten und entrechteten Menschen gehörten auch die französischen Vorfahren von Theodor Fontane. Sowohl die väterliche als auch die mütterliche Linie führen in die südfranzösische Provinz Languedoc.

Die Fontanes, die väterlichen Vorfahren, wurzelten in der Stadt Nimes und Umgebung. Die Labrys, die Vorfahren mütterlicherseits, stammten aus der Gemeinde Le Vigan, nordwestlich von Nimes. Nimes und Le Vigan gehören heute zum Departement Gard. Theodor Fontane selbst bezeichnete sich gern als *Gascogner*. Diese im Südwesten Frankreichs gelegene Provinz mag ihm besonders ans Herz gewachsen sein, denn die Gascogne gilt als das Herkunftsland der *Causeurs*, der *unterhaltsamen Plauderer*. Obwohl ihm die Herkunftslinie seiner Familie bekannt war, verwies er gern und wohl augenzwinkernd auf die Gascogne.

Klar ist jedoch: Die Herkunft aus dem Languedoc entspricht den genealogisch historischen Tatsachen.

Die erste Einwanderergeneration der Familie Labry geht auf den 1658 in Le Vigan geborenen Pierre Labry zurück. Er war Schlossermeister und seine Flucht führte ihn nach Magdeburg. Dort leistete er 1688 den Eid als Bürger der französischen Kolonie in Magdeburg. 1690 schloss er in der Elbestadt die Ehe mit der 1668 in Montauban (nördlich von Toulouse) geborenen Jeanne Serres. Sie gehörte ebenfalls zu den Hugenotten-Flüchtlingen. Dieser Verbindung entstammten neun Kinder. Fünf von ihnen erreichten das Erwachsenenalter.

Die erste Einwanderergeneration der Familie Fontane bestand aus den beiden Brüdern Jaques und Francois Fontane. Sie waren Söhne des in Nimes ansässigen Wollwarenhändlers Pierre Fontane und dessen Ehefrau Suzanne Arnaud. Über Pierre und Suzanne gibt ein Heiratsvertrag von 1658 Auskunft. Jaques Fontane, geboren 1664 in Nimes, ist auf einer Magdeburger Einwandererliste von 1685/86 verzeichnet. Er war von Beruf Strumpfwirker. Sein Weg führte ihn nach Berlin. Seine Anwesenheit dort wurde erstmalig im Zusammenhang mit seiner Eheschließung 1697 urkundlich verzeichnet.

Der Bruder Francois, geboren 1669 in Nimes, ist in der Kolonieliste von Berlin-Werder unter dem Jahr 1701 vermerkt. Wie sein Bruder war er von Beruf Strumpfwirker. Francois Fontane heiratete 1704 die in Nettancourt (Champagne) geborene Suzanne Petitjean, die ebenfalls zu den Hugenotten-Flüchtlingen gehörte. Kinder aus dieser Verbindung sind nicht bekannt.

Aus der 1697 geschlossenen Ehe zwischen Jaques Fontane und Marie du Quesne gingen mehrere Kinder hervor. Doch nur für den erstgeborenen Sohn, für Pierre Francois (1697), existieren heute noch ausreichend urkundliche Dokumente, über die sich die nächste Generation der Fontanes nachweisen lässt. Die zur ersten Einwanderergeneration vorliegenden Dokumente sind zum Teil recht lückenhaft. So können das Fluchtjahr und der Fluchtweg aus dem Languedoc nach Preußen nicht genau rekonstruiert werden. Aber die Daten *rund um* die Fontanes und Labrys sind exakt genug, um ihren Werdegang nach der Flucht aus Frankreich rekonstruieren zu können.

Fest steht, dass die Fontanes und Labrys zu den rund 14 000 Hugenotten gehörten, die bis 1699 Zuflucht im Kurfürstentum Brandenburg fanden. Das von Kurfürst Friedrich Wilhelm von Brandenburg am 29. Oktober 1685 erlassene Edikt von Potsdam garantierte den Hugenotten freie und sichere Niederlassung in Brandenburg. Der dadurch erleichterte Zustrom der Hugenotten, die zumeist fachlich gut qualifiziert waren, trug maßgeblich dazu bei, die nach dem Dreißigjährigen Krieg am Boden liegende Wirtschaft im zerstörten Brandenburg wiederzubeleben.

Da es den Rahmen dieser Betrachtungen sprengen würde, alle nachfolgenden Generationen der Fontanes und Labrys detailliert zu beschreiben, sei es gestattet, einen Sprung in die fünfte Flüchtlingsgeneration zu unternehmen. Denn hier, etwa 130 Jahre nach der Flucht der ersten Generation aus Frankreich, fanden die Fontanes und die Labrys in Brandenburg zueinander. Louis Henri Fontane lernte Emilie Louise Labry kennen, und die beiden heirateten Anfang des Jahres 1819. Am 30. Dezember 1819 wurde der Sohn Heinrich Theodor geboren, der spätere Schriftsteller Theodor Fontane. Er wird vier Geschwister haben: Carl Johann Rudolph, Jenny Eveline, Gustav Maximilian, sowie Elisabeth Charlotte.

Was hat Louis Henri schließlich nach Schiffmühle verschlagen, wo er 1867 starb? Wir wissen es nicht. Bislang gibt es keine historischen Zeugnisse, die es uns verraten. Aber eines wissen wir: sein Vater Pierre Barthélemy war am Hofe König Friedrich Wilhelms II. von Preußen tätig. Er unterrichtete die Kinder im Zeichnen, die dieser mit seiner zweiten Frau, Friederike Luise von Hessen-Darmstadt hatte. Zu diesen Kindern gehörten der spätere König Friedrich Wilhelm III. sowie Wilhelmine, die spätere Königin der Niederlande. Friederike Luise von Hessen-Darmstadt fand im Schloss Freienwalde ihren Alterswohnsitz. Ziemlich genau ein halbes Jahrhundert nach dem Tod der Friederike Luise, deren Kinder Pierre Barthélemy Fontane unterrichtet hatte, zog Louis Henri Fontane, der Sohn des Lehrers, nach Schiffmühle, mithin in die unmittelbare Nachbarschaft von Freienwalde. Da sage noch jemand, dass die Geschichte nicht voller launiger Begebenheiten sei.

Ortseingang von Schiffmühle, aus Richtung Bad Freienwalde kommend. Im Hintergrund ist das Schinkelsche Chausseehaus zu erkennen.

Vierzig Jahre später – Ein Intermezzo
THEODOR FONTANE

Wie der Leser schon aus der Kapitelüberschrift entnehmen wird, habe ich vor, in dem unmittelbar Nachstehenden mich weit jenseits der hier zu schildernden Swinemünder Tage niederzulassen, welches Vorhaben mit dem Wunsche zusammenhängt, das Charakterbild meines Vaters nach Möglichkeit zu vervollständigen, will sagen, nach oben hin abzurunden. Denn wie er ganz zuletzt war, so war er eigentlich.

In dem bis hierher dem Leser vorgeführten und zugleich den eigentlichen Inhalt des Buches ausmachenden Zeitabschnitte, nach dem ich denn auch das Ganze *Meine Kinderjahre* betitelt habe, war mein Vater noch sehr jung, wenig über dreißig, und stand im Leben und in Irrtümern; in seinen alten Tagen aber – und um eben deshalb greif' ich hier, in einem Exkurse, soweit vor – waren des Lebens Irrtümer von ihm abgefallen, und je bescheidener sich im Laufe der Jahre seine Verhältnisse gestaltet hatten, desto gütiger und persönlich anspruchsloser war er geworden, immer bereit, aus seiner eigenen bedrückten Lage heraus, noch nach Möglichkeit zu helfen. In Klagen sich zu ergehen fiel ihm nicht ein, noch weniger in Anklagen (höchstens mal gegen sich selbst), und dem Leben abgewandt, seinen Tod ruhig erwartend, verbrachte er seine letzten Tage comme philosophe.

Ich besuchte ihn alle Jahr einmal, und von meinem letzten Besuche bei ihm, der in den Sommer 67 fiel, möchte ich hier erzählen.

Er wohnte damals, schon zehn oder zwölf Jahre lang, in Nähe von Freienwalde, und zwar in einer an der alten Oder gelegenen Schifferkolonie, die den Namen *Schiffmühle* führte und ein Anhängsel des Dorfes Neu-Tornow war. Vereinzelte Häuser lagen da, in großen Abständen voneinander, an dem träg vorüberschleichenden und von gelben und weißen Mummeln überwachsenen Flusse hin, während sich, unmittelbar hinter der Häuserreihe, ziemlich hohe, hoch oben mit einem Fichtenwalde besetzte Sandberge zogen. Genau da, wo eine prächtige alte Holzbrücke den von Freienwalde her heranführenden Dammweg auf die Neu-Tornowsche Flußseite fortsetzte, stand das Haus meines Vaters. Von welchen Erträgen er es erstanden hatte, weiß ich bis diesen Tag nicht, denn als er es kaufte, war er nicht eigentlich mehr ein Mann der Häuserkaufmöglichkeiten, wenn das erstandene Haus auch freilich

Dammweg über die Oderbrücke, Originalstich um 1800, Privatbesitz.

nur ein bescheidenes Häuschen war. Wie's aber auch damit stehen mochte, er nannte dies Haus sein eigen, und *klein aber mein*, diese hübsche Inschrift, die das Prinz-Friedrich-Karlsche Jagdschloss Dreilinden ziert, hätt' auch er diesem seinem Häuschen geben können. Er bewohnte dasselbe mit einer Haushälterin von mittleren Jahren, die nach dem Satze lebte: *Selig sind die Einfältigen*, aber einen etwas weitgehenden Gebrauch davon machte. Seine Trauer darüber war humoristisch rührend, denn das Bedürfnis nach Aussprache blieb ihm bis zuletzt. Glücklicherweise hatte er sich schon vorher Selbstgespräche angewöhnt. Er dachte laut; das war immer seine Aushilfe.

Ich hatte mich, wie gewöhnlich, bei ihm angemeldet, machte zunächst die reizende Fahrt bis Eberswalde per Bahn, dann die reizendere, bis Freienwalde selbst, in einem offenen Wagen und schritt nun auf einem von alten Weiden eingefassten Damm auf Schiffmühle zu, dessen blanke, rote Dächer ich gleich beim Heraustreten aus der Stadt vor Augen hatte. Der Weg war nicht weiter als eine gute halbe Stunde, Rapsfelder links und rechts, einzelne mit Storchnestern besetzte Gehöfte weit über die Niederung hin verstreut und als Abschluss des Bildes, jene schon erwähnte, jenseits der alten Oder ansteigende Reihe von Sandbergen. Als ich bis in Nähe der Brücke war, war natürlich auch die Frage da: *Wie wirst du den Alten finden?* Aber eh ich mir noch darauf Antwort geben konnte, sah ich ihn auch schon. Er hatte, von der Giebelstube seines Hauses her, mein Herankommen beobachtet, und als ich eben meinen Fuß auf die vorderste Brückenbohle setzen wollte, stand er auch schon an der anderen Seite der Brücke, mit seiner linken Hand zu mir herüberwinkend.

Er hatte sich, seit er in Einsamkeit lebte, daran gewöhnt, die Kostümfrage etwas obenhin zu behandeln, und so war ich nicht überrascht, ihn an diesem warmen Junitage bis an eine äußerste Grenze freiheitlicher Behandlung gelangt zu sehen. Er trug graue Leinwandhosen und einen dito Drillichrock, unter dem, denn er hasste alles Zuknöpfen, ein Nachthemd mit umgeklapptem Kragen sichtbar wurde, was alles unbedingt ans Turnerische gemahnt hätte, wenn es weißer gewesen wäre. Auf dem Kopfe saß ein Käpsel, grün mit einer schwarzen Ranke darum, und das Einzige, was auf vergangene bessere Zeiten deutete, war ein wunderschönes Bambusrohr mit einem Elfenbeinknopf oben und einer unverhältnismäßig langen Metallzwinge, sodass man eigentlich einen *poignard* darunter vermuten musste. Was aber nicht zutraf.

Jetzt hatten wir uns und gaben uns einen Kuss auf die linke Backe. »Nun, das ist recht, dass du da bist. Was macht deine Frau? Und die Kinder?« Er wartete aber keine Antwort ab, denn solche Familienfragen, wenn es nicht gleich ans Sterben ging,

Louis Henri Fontanes Haus in Schiffmühle, kolorierte Zeichnung, Privatbesitz.

interessierten ihn wenig, und so fuhr er dann fort: »Es ist das Leben eines Einsiedlers, das ich führe, ja, man könnte schon von Anachoreten sprechen, die ich mir, übrigens vielleicht mit Unrecht, als gesteigerte Einsiedler denke. Fremdwörter haben fast immer was Gesteigertes. Nun wir reden noch davon. Ein Glück, dass du so gutes Wetter getroffen hast, das reine Hohenzollernwetter. Du schreibst ja auch so viel über die Hohenzollern und nimmst drum vielleicht an ihrem Wetter teil; es lohnt sich alles. Ich, für meine Person, halte an Napoleon fest; er war das größere Genie. Weißt du denn, dass Prinz Wilhelm – ich meine den alten, das heißt den ganz alten, der immer die Schwedter-Dragoner-Uniform trug, hellblau, mit schwarzem Kragen, und soll ein aufrichtig frommer Mann gewesen sein, denn auf die Aufrichtigkeit kommt es an – weißt du denn, dass Prinz Wilhelm immer die Büste Napoleons vor Augen hatte? Noch dazu auf seinem Schreibtisch.«

»Ja, ich weiß es, Papa; du hast mir öfter davon erzählt.«

»Öfter davon erzählt«, wiederholte er. »Ja, das wird wohl richtig sein. Ich lerne nichts mehr dazu, habe bloß immer noch die alten Geschichten, aber eigentlich sind das die besten. Entsinnst du dich noch? Lannes und Latour d'Auvergne und Michel Ney. Ja, mein Freund Michel Ney, der kommt mir jetzt wieder öfter in den Sinn, und ich seh' ihn dann immer, wie sie ihn an die Gartenmauer stellten – in dem öden und einsamen Luxembourg-Garten und war gerad ein recht klatschiges Dezemberwetter – und wie dann der Offizier, der das Peloton kommandierte, noch einmal das Kriegsgerichtsurteil vorlesen wollte mit all den Prinzen- und Herzogstiteln, wie da mein Freund Ney abwehrte und unterbrach und mit seiner tiefen Stimme sagte: ›Pourquoi tous ces titres? ... Michel Ney ... rien de plus ... et bientôt un peu de poudre.‹ Und dann fielen die Schüsse. ›Ja, bald bloß noch ein bisschen Staub.‹ Eigentlich passt es auf jeden und zu jeder Stunde. Und wenn man nun gar einundsiebzig ist ...«

»Ach, Papa, daran musst du nicht denken.«

»Ich mag auch nicht, der Tod ist etwas Grusliges. Aber man mag wollen oder nicht, er meldet sich, er ist um einen rum, er ist da. Aber lassen wir den Tod. Tod ist ein schlechtes Wort, wenn man eben in ein Haus eintreten will. Und da kommt ja auch Luise, dich zu begrüßen. Sei nur recht freundlich, auch wenn sie was Dummes sagt. Und darauf kannst du dich verlassen.«

Unter diesen Worten und während mein Vater vom Flur aus, in den wir grad' eingetreten waren, treppauf stieg, um sich in seiner äußeren Erscheinung ein ganz klein wenig zu verbessern, war die eben angekündigte Luise wirklich auf mich zugekommen und erzählte mir, in übrigens durchaus verständiger Weise, dass sich der

Papa schon seit zwei Tagen auf meinen Besuch gefreut habe. Natürlich, er habe ja sonst nichts; sie höre zwar immer zu, wenn er was sage, aber sie sei doch nur dumm.

»Ach, Luise reden Sie doch nicht so was. Das wird ja so schlimm nicht sein. Jeder ist klug, und jeder ist dumm. Und ich wette, Sie haben wieder einen Eierkuchen gebacken.«

»Hab' ich auch.«

»Nun sehn Sie. Was heißt da klug oder nicht klug. Papa kann froh sein, dass er Sie hat.«

»Bin ich auch«, sagte dieser, der, während wir so sprachen, in einem aus einer weit zurückliegenden Zeit stammenden und deshalb längst zu eng gewordenen Rocke von seiner Giebelstube her wieder nach unten kam.

»Bin ich auch. Luise ist eine gute Person. Mitunter allerdings schrecklich; aber bei Lichte besehn, ist alles mal schrecklich, und es wäre ungerecht, wenn ich gerade von Luise den Ausnahmefall verlangen wollte.«

Luise selbst hatte sich inzwischen wieder in ihre Küche zurückgezogen, während mein Vater und ich in dem wundervoll kühlen Hausflur auf und ab schritten. Licht und Schatten spielten dabei um uns her. Die Türen standen auf und gestatteten einen Einblick in das ganze Hausgewese. Zu jeder Seite lagen zwei Räume, rechts die meines Papas, links Luisens Stube und die Küche. »Lass uns hier eintreten«, sagte mein Vater und führte mich in seine nach dem Hofe hinaus gelegene Schlafstube, drin sich außer einem sehr breiten Fenster auch noch ein ganz kleines Extrafenster befand, ein bloßes Kuckloch, das immer aufstand und vor dem ein Gardinchen im Winde wehte.

»Da seh ich wieder das Kuckloch. Und steht auch wieder auf. Erkältest du dich nicht?«

»Nein, mein Jung'. Und jedenfalls, es lässt sich nicht anders tun. Wenn ich das Fensterchen zumache, krieg' ich keine Luft. Und nachts … Gefahr is nicht …, reinstehlen kann sich keiner; solche dünne Kerle gibt es gar nicht. Und dann hab' ich ja auch die Pistole.«

»Ist es immer noch die alte, die nicht losgeht?«

»Natürlich. Auf das Losgehn kommt es bei Pistolen auch gar nicht an. Die moralische Wirkung entscheidet dabei. Das Moralische entscheidet überhaupt.«

»Meinst du?«

»Ja, das mein' ich. Ich bin erst spät dahintergekommen, aber besser spät als gar nicht. Und nun komm in die Vorderstube. Ich merke, Luise hat schon aufgetragen, und wenn mich meine Sinne nicht täuschen, übrigens bin ich auch ein bisschen eingeweiht, so ist es eine geschmorte Kalbsbrust. Erster Gang. Isst du so was?«

Das »Kuckloch« in der ehemaligen Schlafstube.

»Gewiss ess ich so was. Kalbsbrust ist ja das Allerfeinste, besonders was so dicht dran sitzt.«

»Ganz mein Fall. Es ist doch merkwürdig, wie sich so alles forterbt. Ich meine jetzt nicht im Großen, da ist es am Ende nicht so merkwürdig. Aber so im Kleinen. Kalbsbrust ist doch am Ende was Kleines.«

»Ja und nein.«

»Das ist recht. Daran erkenn ich dich auch. Man kann nicht so ohne Weiteres sagen, Kalbsbrust sei was Kleines. Und nun wollen wir anstoßen. Es ist noch Rotwein aus Stettin; die Stettiner manschen am besten. Was Echtes gibt es überhaupt nicht mehr. Weißt du noch den alten Flemming mit seinem echten Bordeaux? Er nannt' ihn immer bloß Medoc; ihm so ohne Weiteres einen vollfranzösischen Zunamen zu geben, soweit wollt' er doch nicht gehn. Medoc ist übrigens ein wirklicher Ort, freilich sehr klein, höchstens 1400 Einwohner … Ja, der alte Flemming, ein vorzüglicher Herr. Ist nun auch schon zur großen Armee. Alles marschiert ab … Na, ewig kann es nicht dauern.«

Und nun stießen wir an, und ich sah, dass es wieder die schönen Pokalgläser aus der alten Swinemünder Zeit waren. »Sind das nicht …«

»Gewiss. Und ich freue mich, dass du sie wiedererkennst. Zwei sind nur noch davon da, aber mehr als zwei brauch ich auch nicht, denn mehr als einen Gast kann ich in dieser meiner Hütte nicht beherbergen. Und am liebsten ist es mir, wenn du kommst. Und nun krame mal aus. Was sagst du zur Weltausstellung? Die Franzosen machen so was doch immer am besten. Und dazu die Rede von dem Louis Napoleon! Er hat doch so was von dem Alten. Und hat auch darin ganz recht, dass im Leben, das heißt im Leben eines Volkes, alles untereinander zusammenhängt und übereinstimmt und dass da, wo es die besten Generäle gibt, es auch die besten Maler gibt, oder die besten Schneider und Schuster. Und umgekehrt.«

»Ich habe wenig davon gelesen, und ich kann mich nicht recht entsinnen.«

»Immer dieselbe Geschichte«, lachte mein Vater. »Nicht gelesen. Und wenn ich nun bedenke, dass du ein Zeitungsmensch bist! Da denkt man, die hören das Gras wachsen, und jedes Mal, wenn du mich besuchst, seh ich, dass ich besser beschlagen bin als du. Überhaupt, wie's in der Welt aussieht, davon hab' ich doch immer am meisten gewusst. So war es schon, als ich noch jung war, in Ruppin und in Swinemünde. Die Swinemünder, na, das ging noch; solch flotter, fideler Schiffsreeder, der mal nach London und mal nach Kopenhagen fährt, na, der hat doch immer ein bisschen Wind weg; aber die Ruppiner Schulprofessoren, … es hat mich mitunter geniert, wie viel besser ich alles wusste. Natürlich Horaz und die unregelmäßigen Verba ausgenommen. Da war zum Beispiel der alte Starke. Dessen Steckenpferd war Aristoteles, und was Aristoteles lange vergessen hatte, das wußte Starke. Aber das, worauf es ankommt, das wusst' er nicht. Ich lass' es mir nicht abstreiten, unsere Schule geht falsche Wege; die Menschen lernen nicht das, was sie lernen sollen. Ney ist doch interessanter als Pelopidas. Und es kommt auch noch … Aber da bringt uns Luise die Omelette. Nimm nur die helle Hälfte, die andere Hälfte ist etwas verbrannt. Und wenn wir hier fertig sind, dann will ich dir meinen Hof zeigen und meinen Steinbruch. Und dann machen wir einen Spaziergang auf Neuenhagen zu. Bei so schönem Wetter kann ich marschieren, ohne große Beschwerde.«

So ging es noch eine Weile weiter, und dann standen wir auf, um, nach seinem Programm, alles in Augenschein zu nehmen. Zuerst also den Hof. Es sah alles ziemlich kahl aus, und ich bemerkte zunächst bloß einen Sägebock mit einer Buchenholzklobe darauf, daneben Säge und Axt. Er wies darauf hin und sagte: »Du weißt, alte Passion und ersetzt mir nach wie vor die Bewegung … Aber nun komm hierher; … du hörst sie wohl schon.«

Und unter diesen Worten schritt er mit mir auf einen niedrigen Stall zu und schlug hier eine Klapptür auf, hinter der ich nun zwei Schweine ihre Köpfe vorstre-

Im Garten des Fontanehauses.

cken sah. »Was sagst du dazu? Prächtige Kerls. Wenn sie mich hören, werden sie wie wild vor Vergnügen und können's nicht abwarten.«

»Du wirst sie wohl verwöhnen. Mama und die Schröder sagten auch immer, du verfuttertest bei den Biestern mehr, als sie nachher einbrächten.«

»Ja, die Schröder; eine gute treue Seele. Mich konnte sie nicht recht leiden, weil ich die besten Bratenstücke mitunter an Peter und Petrine gab, weißt du noch?«

Ich nickte. »Ja, damals waren es die Katzen. Etwas muss der Mensch haben. Nun sind es die da; … na, gleich, gleich; beruhigt euch nur.«

Und dabei bückte er sich und fing an, seine Lieblinge zu kraulen. Er erzählte mir dann noch allerhand von der Klugheit dieser Tiere, deren innerer Bau übrigens, wie jetzt wissenschaftlich feststehe, dem des Menschen am nächsten komme.

»Sus Scrofa und Homo sapiens – es kann einem doch zu denken geben.«

Und nun nahm er mich unterm Arm und ging mit mir auf eine mitten im Hofzaun angebrachte Gittertür zu, hinter der ein schmaler Zickzackweg den Sandberg hinaufführte. Links und rechts waren tiefe Löcher gegraben, in denen Feldsteine von beträchtlicher Größe mit ihrer Oberhälfte sichtbar wurden.

»Lässt du die ausgraben, Papa?«

»Versteht sich, das ist jetzt eine Haupteinnahme von mir; ich kümmere mich dabei um nichts, ich gebe bloß die Erlaubnis, und dann kommen die Kerls und buddeln solchen Stein aus, das heißt viele Steine, und schaffen sie dann in ihren Kahn, und ich kriege mein Geld. Gott segne den Chausseebau. Dass das Geld im Boden liegt, ist doch wahr, und wenn auch weiter nichts dabei herauskommt als eine Ladung Steine.«

Dabei waren wir den Zickzackweg hinauf und traten in den schon mehrerwähnten Fichtenwald ein, der den ganzen Bergrücken, eigentlich schon ein Plateau, überdeckte. Ein Säuseln ging durch die Kronen, und ich sagte, während ich in die Höhe blickte, so vor mich hin: »Und in Poseidons Fichtenhain tritt er mit frommem Schauder ein.« Er klopfte mich sofort zärtlich auf die Schulter, weil er heraus empfand, dass ich die zwei Zeilen bloß ihm zuliebe zitierte. »Ja, das war immer meine Lieblingsstelle. Für gewöhnlich lernten wir damals, als ich noch jeden Morgen von Schloss Niederschönhausen ins Graue Kloster musste, nur *Johann den muntern Seifensieder* und *Gott grüß Euch, Alter, schmeckt das Pfeifchen*, und Schiller war damals noch nicht halb so berühmt wie jetzt und noch nicht sozusagen unter den Heroen. Aber *Die Kraniche des Ibykus* habe ich doch damals schon gelernt und ist mir auch sitzengeblieben. Es muss so was drin sein. Hast du denn auch alles behalten von früher?«

»Ja, es geht. Eigentlich ist es merkwürdig, dass noch so viel sitzenbleibt.«

»Da hast du Recht.« Und nun traten wir aus dem Wald auf eine breite geradlinige Chaussee heraus, die von Ebereschenbäumen eingefasst war.

»Das ist ja eine wundervolle Chaussee für solche Gegend«, sagte ich. »Wo läuft die denn hin?«

»Die läuft, glaube ich, auf Oderberg zu; aber zunächst läuft sie hier bis Neuenhagen.«

Feldsteinhaufen im Garten des Fontanehauses.

»Neuenhagen. Du nanntest es schon vorhin. Ja, da bin ich vor Jahren auch einmal gewesen und hat mich alles ganz ungemein interessiert. Da liegt nämlich, was du vielleicht nicht weißt, Hippolyta von Uchtenhagen begraben und hat einen schönen Grabstein. Ich glaube so um 1590 herum. Damals gab man noch Geld für so was aus. Aber was mir in Neuenhagen, als ich damals hinkam, noch interessanter war, das war eine kleine Stube, darin die Schweden einen Neuenhagener Amtmann am Strohfeuer geröstet hatten. Richtiger Dreißigjähriger Krieg. Und jetzt, denke dir, jetzt schlafen die Leute darin. Ich erschrak ordentlich darüber und sagte, dass ich mir eine andere Schlafstube ausgesucht haben würde.« Mein Papa nickte zustimmend.

»Ja, am Strohfeuer geröstet«, wiederholte ich. »Und das alles, denn sie wollten's dem Amtmann abzwacken, um des verdammten Geldes willen.«

»Ja, das verdammte Geld!« sagte mein Vater. »Es ist schon recht und ist auch oft wirklich bloß ein verdammtes Geld. Aber es gibt auch ein gutes Geld, und ich mache mir jetzt mitunter so meine Gedanken darüber. Man soll nicht einen Amtmann rösten, um es zu kriegen; aber wenn man was hat, dann soll man's festhalten. Geld ist doch was, ist eine Macht. Und ihr habt nun alle nichts.«

»Ach, Papa, rede doch nicht davon. Du weißt ja, es ist uns ganz egal.«

»Dir vielleicht, aber nicht deiner Mama.«

»Sie hat sich nun auch darin gefunden.«

»Darin gefunden! Sieh, mein Junge, da liegt die Anklage, und die alte Frau hat auch ganz Recht. Das sag' ich mir jetzt alle Tage, wenn ich da unten mit meiner Luise sitze und ihr mein Weltsystem entwickele, weil ich keinen andern habe, dem ich es vortragen kann, und wenn dann die beste Stelle kommt und ich mit einem Male sage: ›Nicht wahr, Luise?‹ sieh, dann fährt sie zusammen oder sitzt da wie ein Zaunpfahl.«

»Es wird dir schwerer als uns, Papa.«

»Wohl möglich. Und es würde mir noch schwerer, wenn ich mir nicht sagte: ›Die Verhältnisse machen den Menschen‹.«

»Das sagtest du schon, wie wir noch Kinder waren. Und gewiss ist es richtig.«

»Ja, richtig ist es. Aber damals, ich kann so zu dir sprechen, denn du bist ja nun selber schon ein alter Knabe, damals sagte ich es so hin und dachte mir nicht viel dabei. Jetzt aber, wenn ich meinen alten Lieblingssatz ausspiele, tu ich's mit Überzeugung. So ganz kann es einen freilich nicht beruhigen. Aber doch beinah, doch ein bisschen.«

Ich nahm seine Hand und streichelte sie. »Das ist recht. Ihr habt eine Tugend, ihr seid alle nicht begehrlich, nicht happig. Aber da wir nun mal dabei sind und ich nicht weiß, wie lang ich auf dieser sublunarischen Welt noch wandle, so möcht' ich doch über all diese Dinge noch ein Wort zu dir sagen. Es gibt immer noch ein paar Leute,

Der Saal im Schloss Neuenhagen, in dem der Amtmann geröstet wurde.

die denken, das jeu sei schuld gewesen. Ich sage dir, das ist Unsinn. Das war nur so das Zweite, die Folge. Schuld war, was eigentlich sonst das Beste ist, meine Jugend, und wenn es nicht lächerlich wäre, so möcht' ich sagen, neben meiner Jugend meine Unschuld. Ich war wie das Lämmlein auf der Weide, das rumsprang, bis es die Beine brach.«

Er blieb einen Augenblick stehen, denn er litt an asthmatischen Beschwerden, und ich mahnte ihn, dass es wohl Zeit sei, umzukehren.

»Ja, lass uns umkehren; wir haben dann den Wind im Rücken, und da spricht es sich besser. Und ich habe doch noch dies und das auf dem Herzen. Ich sagte eben, meine Jugend war schuld. Und das ist auch richtig. Sieh, ich hatte noch nicht ausgelernt, da ging ich schon in den Krieg, und ich war noch nicht lange wieder da, da verlobte ich mich schon. Und an meinem dreiundzwanzigsten Geburtstag habe ich mich verheiratet, und als ich vierundzwanzig wurde, da lagst du schon in der Wiege.«

»Mir ist es lieb, dass du so jung warst.«

»Ja, alles hat seine zwei Seiten, und es hat wohl auch seine Vorteile gehabt, dass ich nicht morsch und mürbe war. Aber das mit der Unerfahrenheit bleibt doch ein schlimmes Ding, und das Allerschlimmste war, dass ich nichts zu tun hatte. Da konnt' ich's denn kaum abwarten, bis abends der verdammte Tisch aufgeklappt wurde.«

»Sonderbar, ich habe so vieles von dir geerbt, aber davon keine Spur. Spiel war mir immer langweilig.« Er lachte wehmütig.

»Ach, mein lieber Junge, da täuschst du dich sehr, wenn du meinst, dass wir darin voneinander abweichen. Es hat mir auch nie Vergnügen gemacht, auch nicht ein

Blick auf die Chaussee in Schiffmühle, im Hintergrund das Fontanehaus.

bisschen. Und ich spielte noch dazu herzlich schlecht. Aber wenn ich mich dann den ganzen Tag über gelangweilt hatte, wollt' ich am Abend wenigstens einen Wechsel verspüren, und dabei bin ich mein Geld losgeworden und sitze nun hier einsam, und deine Mutter erschrickt vor dem Gedanken, ich könnte mich wieder bei ihr einfinden. Es sind nun beinah fünfzig Jahre, dass wir uns verlobten, und sie schrieb mir damals zärtliche Briefe, denn sie liebte mich. Und das ist nun der Ausgang. Zuneigung allein ist nicht genug zum Heiraten; Heiraten ist eine Sache für vernünftige Menschen. Ich hatte noch nicht die Jahre, vernünftig zu sein.«

»Ist es dir recht, wenn ich der Mama das alles wiedererzähle?«

»Gewiss ist es mir recht, trotzdem es ihr nichts Neues ist. Denn es sind eigentlich ihre Worte. Sie hat nur die Genugtuung, dass ich sie mir zu guter Letzt zu eigen gemacht habe. Sie hat Recht gehabt in allem, in ihren Worten und in ihrem Tun.«

Er sprach noch eine Weile so weiter. Dann kamen wir an die Stelle, wo die Chaussee aus dem Walde wieder niederstieg, zunächst auf den Fluss und die Bohlenbrücke zu. Jenseits der Brücke dehnte sich dann das Bruch in seiner Sommerschönheit, diesseits aber lag als Nächstes das Wohnhaus meines Vaters, aus dessen Schornstein eben ein heller Rauch in der Nachmittagssonne aufkräuselte.

»Da sind wir wieder, und Luise kocht nun wohl schon den Kaffee. Darauf versteht sie sich. ›Ist die Blume noch so klein, etwas Honig sitzt darein.‹ Oder so ähnlich. Man kann nicht alle Verse auswendig wissen. Und lobe nur den Kaffee, sonst erzählt sie mir dreißigmal, es habe dir nicht geschmeckt. Und wenn ich Glück habe, weint sie auch noch dazu.«

Als wir ins Haus traten, war die Kaffeedecke bereits aufgelegt, und die Tassen standen schon da, dazu, faute de mieux, kleine Teebrötchen, denn Schiffmühle war keine Bäckergegend, und nur einmal des Tages kam die Semmelfrau. Dazu hatten wir schönes Quellwasser, das aus dem Sandberg kam.

Als fünf Uhr heran war, musst' ich wieder fort.

»Ich begleite dich noch«, und so bracht' er mich bis über die Brücke. »Nun lebe wohl und lass dich noch mal sehen.« Er sagte das mit bewegter Stimme, denn er hatte die Vorahnung, dass dies der Abschied sei.

»Ich komme wieder, recht bald.«

Er nahm das grüne Käpsel ab und winkte. Und ich kam auch bald wieder. Es war in den ersten Oktobertagen, und oben auf dem Bergrücken, da, wo wir von *Poseidons Fichtenhain* gescherzt hatten, ruht er nun aus von Lebens Lust und Müh.

16. Kapitel aus *Meine Kinderjahre*, Autobiographischer Roman

Im Sommer 1867 hat Theodor Fontane seinen Vater das letzte Mal in seinem Haus besucht. Am 5. Oktober 1867 starb Louis Henri Fontane im Alter von 71 Jahren.

… bald bloß noch ein bisschen Staub

HORST BOSETZKY

Sommer 1867 – Theodor Fontanes letzter Besuch bei seinem Vater in Schiffmühle

Ich habe Theodor Fontanes autobiographischen Roman *Meine Kinderjahre* vor mir liegen und werde im Folgenden immer wieder aus dem 16. Kapitel *Vierzig Jahre später* zitieren, in dem die im Untertitel angeführte Episode zu finden ist. Eigentlich höre ich Fontane-Texte viel lieber, wenn sie so absolut vollendet *fontanisch* von Gert Westphal gesprochen werden, ganz besonders diese Sätze hier:

Wie der Leser schon aus der Kapitelüberschrift entnehmen wird, habe ich vor, in dem unmittelbar Nachstehenden … das Charakterbild meines Vaters zu vervollständigen, will sagen nach oben hin abzurunden. Denn wie er ganz zuletzt war, so war er eigentlich. […] Er wohnte damals, schon zehn oder zwölf Jahre lang, in Nähe von Freienwalde, und zwar in einer an der alten Oder gelegenen Schifferkolonie, die den Namen »Schiffmühle« führte und ein Anhängsel des Dorfes Neu-Tornow war. Vereinzelte Häuser lagen da, in großen Abständen voneinander, an dem träg vorüberschleichenden und von gelben und weißen Mummeln überwachsenen Flusse hin, während sich, unmittelbar hinter der Häuserreihe, ziemlich hohe, hoch oben mit einem Fichtenwalde besetzte Sandberge zogen. Genau da, wo eine prächtige alte Holzbrücke den von Freienwalde heranführenden Dammweg auf die Neu-Tornow'sche Flussseite fortsetzte, stand das Haus meines Vaters.

Und da steht es heute noch, an die 150 Jahre später.

Was finden wir im Internet über Louis Henry Fontane, und was wissen wir generell über ihn? Sein Vater war Kabinettssekretär der legendären Königin Luise von Preußen (»… o Jammer, sie ist hin.«). Wir wissen, dass er in Berlin das Gymnasium zum Grauen Kloster besuchte und in der Leipziger Straße in die Apothekerlehre gegangen ist. Wir wissen, dass er am 2. März 1813 in der Schlacht bei Großgörschen, trotz seiner französischen Wurzeln, gegen Napoleons Truppen gekämpft hat und von einer Kugel getroffen wurde, die jedoch in seiner Brieftasche stecken blieb. Wir wissen auch, dass er große Spielschulden hatte und deswegen seine Apotheke in Neuruppin verkaufen musste. Auf der Porträt-Zeichnung sieht er aus, wie er im Text seines berühmten Sohnes beschrieben ist: *Auf dem Kopfe saß ein Käpsel, grün mit einer schwarzen Ranke darum ...*

Schiffmühlen, belehrt mich das Internet, sind Wassermühlen. Aber die träge dahinfließende alte Oder war doch alles andere als ein wild rauschender Bach, wie kann das mit dem Mehlmahlen durch Wasserkraft funktioniert haben? Bis 1770 soll es aber wirklich gegangen sein. Unter dem Stichwort *Schiffmühle Bad Freienwalde* findet sich im Internet wenig, schon gar nicht viel über Louis Henry Fontane. Immerhin lässt sich sein Grabstein finden, der auf dem Boden liegt und von Moosen und Flechten grünlichschwarz überwachsen ist. Die sonst üblichen Daten und Fakten auf Grabsteinen sind auf ihm nicht zu finden, es ist nur in den Stein gemeißelt: LOUIS HANRI FONTANE. Na, wenigstens nicht: LOUIS HANRI VON TANE.

Am 1. Juli 2014 war ich gemeinsam mit Karin und Volker Panecke erstmals im Fontanehaus, oder besser: im Häuschen von Louis Henry Fontane. Ich wollte im Mai 2015 mit einer großen historischen Recherche über das Haus anfangen, da drückte mir Freund Volker den Beitrag *Das Fontanehaus in Schiffmühle* von Ger-

Am Oderufer in Schiffmühle.

hard Rumland und Helmut Otto in die Hand und meint: »Da brauchst du dich selbst nicht mehr abzumühen.«

Ich las also über das Fontanehaus: *Von 1855 bis 1867 lebte darin Theodor Fontanes Vater, Luois Henry Fontane, zusammen mit seiner Haushälterin.*

Ich bin verwirrt: Wie schrieb sich der Alte mit dem Käpsel nun wirklich? Henri, Hanri, Henry? Und Louis oder Luois?

Als der alte Fontane seinen Sohn beim Rundgang durch das Haus, in seine zu ebener Erde und zum Hofe hin gelegene Schlafstube führt, hat der Berliner Fontane Angst, Einbrecher könnten durch ein kleines und immer offen stehendes Fenster eindringen. Als hätte es damals schon eine brandenburgische Polizeireform mit einer Ausdünnung der Belegschaft gegeben. Der Vater verweist auf seine Pistole. Fontane Junior staunt: *Ist es noch immer die alte, die nicht losgeht?* Fontane Senior beruhigt ihn: *Natürlich. Auf das Losgehn kommt es bei Pistolen auch gar nicht an. Die moralische Wirkung entscheidet dabei.*

Die Haushälterin hieß Luise und beklagte sich bei Theodor darüber, dass sie seinem Vater intellektuell rettungslos unterlegen sei: *... sie höre zwar immer zu, wenn er was sage, aber sie sei doch nur dumm.* Theodor Fontane widerspricht ihr mit der zur damaligen Zeit üblichen Courtoisie[1]: *Ach, Luise, reden Sie doch nicht so was. Das wird ja so schlimm nicht sein. Jeder ist klug und jeder ist dumm. Und ich wette, Sie haben wieder einen Eierkuchen gebacken.*

Der Eierkuchen kommt aber erst später auf den Tisch, anfangs serviert sie den beiden Fontanes eine annehmbare Kalbsbrust. Dazu gibt es *Rothwein* aus Stettin. Im Anschluss an die Mahlzeit wird ein ausgedehnter Spaziergang unternommen, wobei der alte Fontane, wie auch schon nach der Begrüßung seines Sohnes, gewisse depressive Züge erkennen lässt: *Es ist das Leben eines Einsiedlers, das ich führe, ja, man könnte schon von Anachoreten sprechen ...*

Was ist ein Anachoret? Wäre es da bei einem Ratespiel um eine Million Euro gegangen, ich hätte sie nicht bekommen, auch wenn ich mich mit einem Wort des großen Robert Musil entschuldigt hätte: Ich bin vielseitig ungebildet.

Aber wozu gibt es das Internet, da steht geschrieben: *Ein Anachoret (Altgriechisch: anachōreō, sich zurückziehen) war im altgriechischen Sprachgebrauch ein Mensch, der sich aus persönlichen Gründen aus der Gemeinschaft, der Chora, zurückzog.*

Nun wissen wir es! Und der Alte übt sich klagend in Selbstironie: *Ich lerne nichts mehr dazu, habe bloß immer noch die alten Geschichten, aber eigentlich sind das die besten. Und die vom General Michel Ney ist wirklich gut. Als der von einem Kriegsgericht wegen angeblichen Hochverrats zum Tode verurteilt wird, sagt er kurz*

---

[1] feines, ritterliches Benehmen, Höflichkeit

vor seine Erschießung: *... et bient et bientôt un peu de poudre.* Der alte Fontane übersetzt es: *... bald bloß noch ein bischen Staub* und bezieht es in dunkler Vorahnung auch auf sich: *Eigentlich paßt es auf jeden und zu jeder Stunde. Und wenn man nun gar 71 ist ...*

Nach dem Essen besichtigen Vater und Sohn den Steinbruch, dessen Findlinge Louis Henry einiges an Geld einbringen, über das man minutenlang philosophiert und das *verdammte Geld* vom *guten Geld* unterscheidet.

Als man die Höhe mit dem Fichtenwald erreicht hat, werden Schillers Kraniche des Ibykus bemüht: *Und in Poseidons Fichtenhain/Tritt er mit frommen Schauder ein.* Und man kommt zu einer epochalen Erkenntnis: *... die Verhältnisse machen den Menschen.*

Sie kommen auf das *Jeu* sprechen, das Spielen, welches das Leben des Alten so sehr beeinflusst hat. Er streitet ab, dass die Lust am Spielen schuld an seinem Elend gewesen sei, und als sein Sohn einwirft, ihn habe das Spiel immer gelangweilt, lacht er auf: *Es hat mir auch nie Vergnügen gemacht, auch nicht ein bisschen. Und ich spielte noch dazu herzlich schlecht. Aber wenn ich mich dann den ganzen Tag über gelangweilt hatte, wollt' ich am Abend wenigstens einen Wechsel verspüren und dabei bin ich mein Geld losgeworden und sitze nun hier einsam und Deine Mutter erschrickt vor dem Gedanken, ich könnte mich wieder bei ihr einfinden.*

Man kehrt um – denn der Vater leidet unter asthmatischen Beschwerden – und trinkt Kaffee. Dann folgen die Zeilen, bei denen ich immer Tränen in den Augen habe, weil ich an meinen eigenen, geliebten Vater denken muss:

Als 5 Uhr heran war, musst' ich wieder fort. ›Ich begleite Dich noch‹, und so brachte er mich bis über die Brücke. ›Nun Lebewohl und laß Dich noch mal sehen.‹ Er sagte das mit bewegter Stimme, denn er hatte die Vorahnung, dass dies der Abschied sei.

Ich komme wieder, recht bald.

Er nahm das grüne Käpsel ab und winkte. Und ich kam auch bald wieder. Es war in den ersten Oktobertagen und oben auf dem Bergrücken, da, wo wir von Poseidons Fichtenhain gescherzt hatten, ruht er nun aus von Lebens Lust und Müh.

Intime Einblicke – Briefe

VOLKER PANECKE

Die nachstehenden Auszüge aus Briefen von Theodor Fontane sind recht intimer Natur, geben sie doch ganz persönliche Empfindungen, Eindrücke und Wertungen wieder, die den Dichter im Hinblick auf seinen Vater Louis Henri bewegten. Durch sie bekommen die Lebensumstände auch etwas Farbe, unter denen der alte Herr in Schiffmühle lebte. Aber es sind mehr als Textpassagen, es sind biographische Details von großer Aussagekraft.

Der Adressat des ersten Briefes ist die Mutter des Dichters, die im März 1861, als der Brief verfasst wurde, bereits viele Jahre in Neuruppin lebt, getrennt von ihrem Ehemann Louis Henri. Dieser hat in Schiffmühle sein Zuhause, wo ihn sein Sohn Theodor besucht. Von diesem Besuch berichtet der besagte Brief an die Mutter.

Der zweite Brief, aus dem hier nachfolgend ein Auszug wiedergegeben wird, ging von Theodor Fontane im Juli 1866 an Karl Zöllner. Karl Zöllner, ein Jurist, spielte eine zentrale Rolle im Geistes- und Kulturleben Berlins der zweiten Hälfte des 19. Jahrhunderts. Er stand mit der Familie des Dichters mehr als vierzig Jahre in enger, vertrauter Verbindung.

Der dritte textliche Auszug ist dem Brief des Dichters entnommen, der Mitte Oktober 1867 an Mathilde von Rohr gerichtet ist. Er entstand knapp zehn Tage nach dem Tod des Vaters und nimmt Bezug auf einen Brief seiner Frau bzw. ergänzt diesen. Mathilde von Rohr war ein Stiftsfräulein im Kloster Dobbertin. Als langjährige gute Bekannte und Vertraute des Dichters inspirierte sie ihn zu märkischen Themen und gab ihm zahlreiche Tipps und Erläuterungen. Sie war teilweise Vorbild der Domina Adelheid in Fontanes Roman *Der Stechlin*.

Diese Briefauszüge gewähren trotz ihrer Kürze einen tiefen Einblick in das Leben von Louis Henri Fontane, helfen die Frage zu beantworten, was für ein Mensch er war in seinen letzten Jahren. Er mag ein wenig wunderlich gewesen sein, kautzig könnte man sagen. Aber er erscheint auch immer liebenswürdig und eigenwillig lebensklug.

Theodor scheint bei den Monologen seines Vaters manchmal ungeduldig gewesen zu sein, schaltete dann wohl einfach ab, hörte nicht mehr richtig zu. Es spricht für die Liebe zu seinem Vater, dass ihm dies ein schlechtes Gewissen bereitete.

Im Brief vom 7. März 1861 an seine Mutter in Neuruppin schlägt sich dies in geradezu rührenden Worten nieder.

Am Sonntag Nachmittag kam ich von meinem Ausfluge zum Alten zurück. Die Details zu erzählen (famoser Stoff wie immer) behalt' ich mir vor, bis ich dich wiedersehe. Heute nur so viel – er lebt, isst und trinkt und ist au fond[1] der Alte. Ich kam etwas nach 12 Uhr nachts bei ihm an, wir legten uns zu Bett und plauderten, da er sich wieder einen langen Fragezettel gemacht hatte, bis nach 4. Um Schlag 7 weckte er mich schon wieder, sodass ich sagen kann, dass ich Strapazen durchgemacht habe, als wäre ich anno 13, 14 und 15 mit dabei gewesen[2].

Am anderen Tag gingen wir zu den »Geschäften« über, d. h. zur Durchsicht einer Menge alter Zettel, auf denen er in seinen vielen Mußestunden die fabelhaftesten Berechnungen angestellt hatte; außerdem las er mir alte Aktenstücke, Kaufkontrakte, Cessionen[3] etc. vor, behauptete jeden Augenblick, es sei das Dümmste und Langweiligste Zeug, das man sich denken könne (worin ich laut einstimmte), las aber dennoch immer weiter, sodass mir ganz jämmerlich zu Muthe wurde.

Dann sprachen wir mehrere Stunden lang ganz gemüthlich von Tod und Sterben, versicherten uns gegenseitig dass es eigentlich gar nichts und kaum der Rede werth sei und stießen dabei mit den großen Weingläsern auf langes Leben und gute Gesundheit an.

Dann kamen wir vom Hundertsten aufs Tausendste, von Friedrich dem Großen auf Sommerfeld und vom Schulzen Lehmann auf Garibaldi und den Papst. Dazwischen Versicherungen, dass alles Kropzeug sei von Anfang bis zu Ende, wir selbst mit einbegriffen; dabei wieder Anstoßen mit den Gläsern und allgemeine Heiterkeit.

Was die oben erwähnten Berechnungszettel angeht, so haben dieselben gegen früher sich insofern verändert, als er seinen »Geldbesitz« aus dem Spiele lässt und nur noch sein »Mobiliar-Vermögen« berechnet, wobei er Tischen und Stühlen einen Preis giebt, als wären sie von Rosenholz und eben bei Hiltl[4] gekauft. Auf meine bescheidnen Vorstellungen antwortete er nur: »Ach, das ist ja alles ganz egal; ich hab' es nur aufgeschrieben, weil man doch am Ende was aufschreiben muss«.

Im Uebrigen hab' ich es unternommen, bei Dir nachzufragen, »ob Du nicht für Lischen[5] gewisse Bestimmungen treffen wolltest, falls sie sich nicht verheirathe«.

Was eigentlich damit gemeint ist, weiß ich nicht, weil ich nicht recht aufgepasst habe. Das ist verzeihlich. Er spricht nämlich so viel und so allerhand, was gar keine wirkliche Bedeutung hat, dass ich mich nur eben gewöhnt habe, ruhig zuzuhören, aber durchaus

---

[1] im Grunde, im Wesentlichen *(franz.)*; [2] ... bei den napoleonischen Kriegen (Anm. des Autors); [3] Abtretungen, Veräußerungen *(engl.)*; [4] luxuriöses Möbelhaus Anfang des 19. Jh.; [5] Theodors Schwester Elisabeth Charlotte Fontane

nicht in der Absicht, die Dinge zu behalten. Vielleicht verstehst Du, was er damit meint, und wenn Du's auch nicht verstehst, so kannst Du ja im nächsten Brief anfragen, aber richt' es so ein, dass meine Unachtsamkeit, die ihn kränken könnte, nicht bemerkt wird.

Brief von Theodor Fontane an Karl Zöllner vom 15. Juli 1866.

Meinen Papa, wenn Dir's kein zu großes Opfer ist, besuche nur noch mal, er freut sich darüber und in seiner Vereinsamung gönn' ich ihm doppelt, was ihn erheitert und geistig ein bischen anfrischt. Wenn wir uns wiedersehen, so musst Du mir von ihm erzählen. Er ist eigentlich ein schiefgewickelter oder ins Apothekerhafte übersetzter Weltweiser. Hinter allerhand tollem, einseitigen und übertriebenen Zeug verbirgt sich immer ein Stück wohlberechtigter Lebensanschauung. Ich schreibe in den nächsten Tagen an ihn.

Brief von Theodor Fontane an Mathilde von Rohr vom 14. Oktober 1867, in dem er auf einen Brief seiner Frau Emilie Bezug nimmt.

Ueber Tod und Begräbniss meines guten Papa's kann ich einen ganzen Abend lang plaudern, weil es wirklich poetisch, manches balladenhaft-romantisch war.
  Wir haben [...] Gott recht innig gedankt, als wir erfuhren, dass er gar nicht krank gewesen ist, abends 9 Uhr sich unbehaglich fühlend, zu Bett gegangen ist, gegen 10 Uhr das Mädchen gerufen hat und um 10 ½ Uhr mit voller Besinnung, aber ohne Todesangst, durch eine Lähmung dahin geschieden [...]. Am Dienstag Nachmittag war die Beerdigung [...], wozu Jenny, Elise, unser Georg und der älteste Sohn von Sommerfeldts hin gekommen waren. [...] Unser lieber Papa ist dahingeschieden im vollen Besitz der Liebe seiner Kinder und die Zeit wird noch vieles verklären und sein Andenken uns stets lieb und werth bleiben[1].

---

[1] Jenny und Elise sind Schwestern von Theodor Fontane, Georg sein ältester Sohn. Bei dem *ältesten Sohn von Sommerfeldts* handelt es sich um Max, den erstgeborenen Sohn seiner Schwester Jenny (Anm. des Autors)

Das Grab von Louis Henri Fontane

HELMUT OTTO

Wer das Grab von Louis Henri Fontane besuchen möchte, fährt vom Fontanehaus in Richtung Neutornow. Nach etwa einem Kilometer erscheint auf der linken Seite am Berghang die klassizistische Dorfkirche. Nach dem Passieren des Friedhofsportals läuft man eine steinerne Treppe aufwärs und biegt dann am besten nach ein paar Schritten links ab. An der Kirche geht man linker Hand vorbei. Dann sieht man die Grabanlage, die aus einer Sandsteinplatte besteht, die von Feldsteinen umgeben ist. Die Feldsteine wirken wie eine Reflexion auf den Fakt, dass der hier begrabene Mann sich mit dem Verkauf von Feldsteinen, die er auf seinem Grundstück fand, ein Zubrot verdiente.

Die Grabplatte trägt die Inschrift LOUIS HANRI FONTANE. Auffällig ist hierbei die Schreibweise des Vornamens HANRI. Es wurde oft darüber gerätselt, warum das *A* statt des *E* dort eingemeißelt wurde. Vermutlich liegt die Ursache dazu nicht in der Unkenntnis der deutschen Rechtschreibung des Steinmetzes. Wahrscheinlicher ist die Übertragung der Aussprache des französischen *Henry* ins Schriftliche. Mit großer Sicherheit war der Sohn Theodor Fontane der Auftraggeber der Grabplatte. Im Gespräch mit dem Steinmetz wird er die französische Aussprache des Namens Henri benutzt haben [Anri = ɑʁi]. Auf diese Weise dürfte der Schreibfehler entstanden sein.

Über den Tod und das Begräbnis seines Vaters schreibt Theodor Fontane im Oktober 1867 in einem Tagebucheintrag:

Am 5. Oktober abends gegen 11 Uhr stirbt mein guter alter Papa 71 1/2 alt in Schiffmühle bei Freienwalde. Wir erhalten am anderen Morgen die Nachricht von seinem Tode; Sonmmerfeldt und ich fahren hinüber. Ein Herz, vielleicht auch ein Lungenschlag hatte seinem Leben ein Ende gemacht. Am Dienstag Mittag den 8. trafen Jenny, Lieschen, Georg und Max Sommerfeldt von Berlin ein; zwischen 5 und 6 haben wir nach wunderlichen Zwischenfällen den alten Herren auf der Höhe des Tornower Kirchhofs begraben. Sand, Geröll und große Steine, wie sie dort in der Erde stecken, liegen auf seinem Grab; sei ihm die Erde leicht. – Am Abend des 8. kehrten wir nach Berlin zurück.

Treppe am Eingang des Neutornower Friedhofes.

Und ein andrer Platz, dem verbunden ich bin:
Berglehnen, die Oder fließt dran hin,
Zieht vorüber in trägem Lauf,
Gelbe Mummeln schwimmen darauf;
Am Ufer Werft und Schilf und Rohr,
Und am Abhange schimmern Kreuze hervor,
Auf eines fällt heller Sonnenschein –
Da hat mein Vater seinen Stein.

aus »Meine Gräber«
Theodor Fontane

Der Grabstein von Louis Henri Fontane auf dem Neutornower Friedhof.

Blick auf die Kirche von Neutornow.

DAS FONTANEHAUS

Das Fontanehaus in Schiffmühle

WALTER HENKEL

Im Jahr 2017 jährt sich der Tod des Vaters von Theodor Fontane zum 150. Mal. Allerlei Dinge gehen einem dabei durch den Kopf. Da hat sich in der ländlichen Abgeschiedenheit eines kleinen Oderbruchdorfes über die Zeitläufe der Geschichte ein originales Zeugnis aus Fontanes unmittelbarem Lebensumfeld erhalten. Es ist das bescheidene Fachwerkhaus, in dem Louis Henri, der Vater des Dichters, sein letztes Lebensjahrzehnt verbrachte.

In den Jahren nach 1850 besuchte Theodor Fontane seinen Vater wohl jedes Jahr einmal, aber besonders mit seinem letzten Besuch im Sommer 1867 hat er ihm in *Meine Kinderjahre* für alle Zeiten ein literarisches Denkmal gesetzt. Das Kapitel *Vierzig Jahre später – Ein Intermezzo* trägt viel zum Verständnis der Vater-Sohn-Beziehung bei. Viele Fontane-Freunde zieht es seitdem in das idyllisch an der Alten Oder gelegene Dörfchen Schiffmühle zum Wohnhaus Louis Henris und zu seiner letzten Ruhestätte auf dem benachbarten Neutornower Friedhof.

Das Fontanehaus, um 1950.

Eine besondere Situation durchlebte das Haus Ende der 1980er, Anfang der 1990er Jahre. Das Gebäude, seit 1987 leer stehend, bot seinen Besuchern einen traurigen Anblick.

Der sehr schlechte bauliche Zustand machte eine umfassende Sanierung dringend erforderlich. Wie so oft, scheiterte das Vorhaben erst mal an der Finanzierung. Um das Haus vor dem endgültigen Verfall zu bewahren, gründete sich 1994 im Ort ein Förderverein. Waren es anfänglich nur 10 Mitglieder, so stieg deren Zahl in den folgenden Monaten ständig an.

Mitte der 1990er Jahre hatte der Förderverein *Fontanehaus Schiffmühle e.V.* 26 Mitglieder, davon 11 Damen und Herren, die gleichzeitig Mitglieder der *Theodor Fontane Gesellschaft Potsdam* waren. Förderverein und Fontane Gesellschaft waren wechselseitig kooperative Mitglieder. Es war erfreulich, dass der Verein in so kurzer Zeit so viele Mitstreiter und so viel Resonanz, nicht nur bei erklärten Fontane-Freunden, sondern auch bei den Einwohnern des Dorfes und in den zuständigen Behörden gefunden hatte.

Das Anliegen des Vereins bestand im Kern darin, dieses Haus, das so eng mit dem Namen des Dichters der Mark Brandenburg verknüpft ist, zu erhalten und in der Zukunft weiter als Fontane-Begegnungsstätte zu betreiben.

Gedenktafel, die sich einst am Zaun des Fontanehauses befand.

Schlechter baulicher Zustand des Fontanehauses im Jahr 1970.

Was ist bisher bekannt über die Bewohner und Eigentümer des Hauses nach der Fontane-Zeit? Fest steht, dass Louis Henri Fontane es bis zu seinem Tode 1867 bewohnte. Über die unmittelbare Zeit danach ist wenig bekannt.

Aus den Erinnerungen der Einwohner des Dorfes geht hervor, dass Ende des 19. und Anfang des 20. Jahrhunderts über viele Jahre eine Frau Martha Wagner Eigentümerin des Hauses war. Als hochbetagte Frau hat sie 1916 das Haus an das Schamotte-Werk in Bad Freienwalde verkauft. Der Betrieb hat damals begonnen, auf dem Grundstück Sand abzubauen. Als sich bald danach zeigte, dass dieser Sand nicht für die Herstellung von Schamottesteinen geeignet war, stellte man den Abbau wieder ein. Das Haus diente dann bis 1987 verschiedenen Mietern als Werkswohnung.

Im Jahre 1993 konnte die Gemeinde Schiffmühle das Grundstück kaufen. Ein Kostenvoranschlag eines Architekturbüros bezifferte eine Gesamtsumme von rund 500 000 DM für eine umfassende und denkmalgerechte Instandsetzung. Da weder die Gemeinde noch der Förderverein diese Summe aufbringen konnten, wurde vorrangig auf die Möglichkeit der öffentlichen Förderung durch das Land Brandenburg gesetzt.

Nachdem im Jahr 1995 die Mittel gewährt wurden, konnte noch im Dezember des gleichen Jahres mit den Bauarbeiten begonnen werden. Im Zusammengehen mit der Denkmalpflege wurde so viel wie möglich an originaler Substanz erhalten und Anbauten aus neueren Zeiten wurden zurückgebaut. Im Herbst 1996, pünktlich zur Hauptversammlung der *Theodor Fontane Gesellschaft e.V.* in Bad Freienwalde, wurde der erste Bauabschnitt abgeschlossen.

Zentraler Gedanke der Konzeption des Fördervereins war, das Haus nach der Sanierung zu einer würdigen Erinnerungsstätte an den Dichter und zu einer lebendigen Begegnungsstätte für Fontane-Freunde zu gestalten. Die gemeinsame Betreibung der Fontane-Begegnungsstätte zwischen der *Theodor Fontane Gesellschaft e.V.* und dem *Förderverein Schiffmühle* wurde vertraglich fixiert.

Nach den bis dahin angestellten Überlegungen sollte in einem Raum des Gebäudes eine ständige Ausstellung und in einem weiteren ein Studierzimmer mit einer kleinen Fontane-Bibliothek eingerichtet werden. Zusätzlich war vorgesehen, dass die Heimatstube des Ortes im Haus ihr Domizil findet. Das gesamte Grundstück sollte gärtnerisch so hergerichtet werden, wie es zur Mitte des 19. Jahrhunderts ausgesehen haben könnte, mit ortstypischen und einheimischen Pflanzen und Gehölzen. Der in Fontanes *Meine Kinderjahre* erwähnte Feldsteinbruch sollte wieder seinen ursprünglichen Platz im Hof erhalten. Das Konzept sah auch die Einbeziehung der Grabstätte

Der Juniorchef der Steinmetzfirma Laudanski beschriftet den Gedenkstein.

Historischer Augenblick. Mit einem Programm begeisterte das Fontane-Ensemble (großes Foto) die Gäste zur feierlichen Eröffnung des kulturellen Kleinods an der Alten Oder. Aus der Hand von Schiffmühles Bürgermeisterin Margit Mühlenhaupt erhielt der Vorsitzende des Fontane-Vereins, Walter Henkel, den Schlüssel für die Erinnerungsstätte (kleines Bild). MOZ-Fotos: Hannelore Siebenhaar

Fontane-Erinnerungsstätte und Heimatstube Schiffmühle eröffnet

„Touristischer Farbtupfer" strahlt in neuer Schönheit

Fontane-Ensemble erinnerte an Werke des großen märkischen Dichters

Bad Freienwalde. Nach dreijähriger umfangreicher Bauzeit ist am Sonnabend das einstige Vaterhaus Fontanes als Fontane-Erinnerungsstätte und Heimatstube Schiffmühle der Öffentlichkeit zugänglich gemacht worden. Mit einem Programm des Berliner Fontane-Ensembles würdigten Freunde und Verehrer des märkischen Dichters seine Werke und ließen ein Stück Kulturerbe aufleben.

„Warum nur in aller Welt habe sich der Pensionär mit dem französisch Henkel u. a. auch an das Bad Freienwalder Ehepaar Kurt und Erna Kretschmann, die sich schon in den Jahren vor der Wende des Fontaneschen Erbes und der Geschichte des Ortes verschrieben hatten. Das Anbringen von Gedenktafeln und die Ausgestaltung der ersten Heimatstube Schiffmühles gehen auf den Einsatz der Kretschmanns zurück „Ein echter Rettungsversuch des Fontanehauses scheiterte an dem Desinteresse der Mächtigen", so Walter Henkel.

Erik Bruhns vom Vorstand der Fontane-Gesellschaft war erstaunt. „Das Haus ist wirklich gelungen." Als „echten touristischen Farbtupfer" hob Wolfgang Schulze aus Falkenberg das Kleinod hervor. Und das Interesse an dem kleinen Häuschen schien ungebrochen. Dicht an dicht drängten sich Neugierige, bestaunten anerkennend die Arbeit der Handwerker und des Fontane-Vereins und nicht zuletzt der drei ABM-Frauen vom Verein zur Förderung von Beschäftigung und

Die Eröffnung des Fontanehauses, nach der umfassenden Sanierung, fand großen Anklang, wie auch ein Bericht der »Märkischen Oderzeitung« vom 2. Juli 1998 zeigt.

Fontanes auf dem Friedhof in das Gesamtprojekt vor. Ein Wanderweg sollte vom Haus über die Schiffmühler Sandberge zum Friedhof führen.

Die offizielle Eröffnung des Fontanehauses nach seiner umfassenden Sanierung fand im Jahre 1998 statt. Das war vor nunmehr 19 Jahren. Ein Blick auf diese Jahreszahlen regt zum weiteren Nachdenken über die Jahre und ihr Dahingehen an. 1987 war das Jahr, von dem an das Fontanehaus leer stand. Das liegt nun 30 Jahre zurück. Vor etwa 25 Jahren starteten die Überlegungen, das Fontanehaus zu retten.

Wenn man nun aus dem Jahr 2017 zurückblickt, ist festzustellen, dass einige der ursprünglichen Pläne rund um das Fontanehaus realisiert wurden, andere nicht. Der Förderverein des Fontanehauses, dessen ehemaliger Vorsitzender der Autor dieser Zeilen ist, kam 1999 zu dem Schluss, dass mit der Fertigstellung und Wiedereröffnung des Hauses sich der Sinn und Zweck des Vereins erfüllt habe. Der Verein löste sich im gleichen Jahr auf.

Beim Betrachten der Stellung des Fontanehauses, im kulturellen und touristischen Umfeld, kann der Eindruck entstehen, dass das Potenzial dieses kostbaren Kleinodes noch lange nicht erschöpft ist. Das Haus des Louis Henri Fontane soll, wie zu vernehmen ist, in den nächsten Jahren in den Genuss größerer Aufmerksamkeit kommen. Im Jahr 2019 finden landesweit Ehrungen und Feierlichkeiten zum 200. Geburtstag des Dichters Theodor Fontane statt. Darin soll das Haus in Schiffmühle stark eingebunden sein. Das wäre sehr erfreulich.

Der vollendete Gedenkstein für Louis Henri Fontane im Garten des Fontanehauses.

Das Fontanehaus – aktuelle Ansichten

HELMUT OTTO

Die Front des Fontanehauses mit der Fontane-Skulptur des Künstlers Ottmar Hörl.

Das ehemaliges Stallgebäude wurde zum Toilettenhäuschen umgebaut.

Der sogenannte »Fontaneblick« aus dem Giebelfenster in Richtung Oderbrücke.

Das Fontanehaus hat einen weitläufigen und schönen Garten.

In der ehemaligen Wohnstube von Louis Henri Fontane.

Die ehemalige Schlafkammer beherbergt heute ein kleines Apothekermuseum.

Im Vorraum des Fontanehauses.

Die ehemalige Küche des Hauses, hier kochte und wirkte die Haushälterin.

Das ehemaliges Zimmer der Haushälterin.

Das Fontanehaus in alten Bildern

HELMUT OTTO

Das Fontanehaus um 1890.

Das Fontanehaus im Bauzustand um 1913.

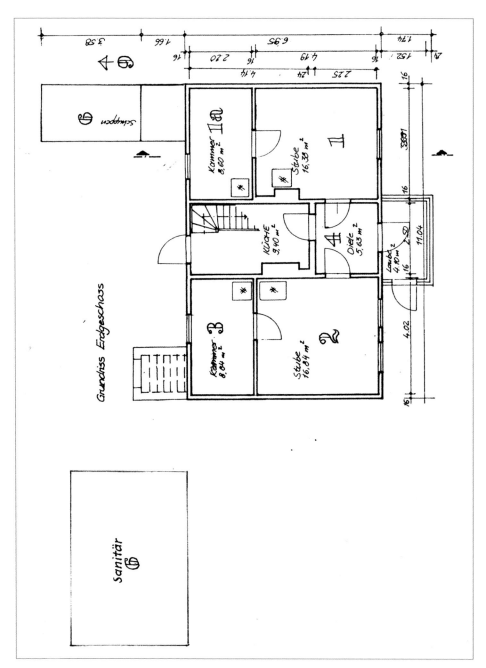

Der Grundriss des Hauses auf einem Bauplan, Mitte der 90er Jahre.

Die Hofansicht auf der Rückseite des Fontanehauses im Jahr 1989.

Ein Blick in den Hof im Jahr 1989.

Das Fontanehaus im Bauzustand um 1990.

Das Fontanehaus um 1992.

Rekonstruktion und Restaurierung

HELMUT OTTO

Die Zeit hatte an allen Bestandteilen des Fontanehauses, wie zum Beispiel an der Verandatür im Zustand von 1990 zu sehen, tiefe Spuren hinterlassen. Teilweise mußte rekonstruiert werden, bei anderen Teilen reichten Restaurierungsarbeiten. Grundsätzlich waren äußerst umfangreiche Arbeiten auszuführen, die sich auf das gesamte Haus und das Grundstück erstreckten.

Dass im Jahr 1995 die erforderlichen Mittel bereitstanden und noch im gleichen Jahr mit den Arbeiten begonnen werden konnte, ist maßgeblich dem *Förderverein Fontanehaus Schiffmühle* zu verdanken, nicht zuletzt ihrem Vorsitzenden, Herrn Walter Henkel.

Gesamtansicht mit Stall vor der Rekonstruktion im Jahr 1990.

Die alte Verandatür des Fontanehauses im Jahr 1990.

Der alte Keller des Fontanehauses im Jahr 1990.

Zeitweilig war das Fontanehaus kaum noch zu erkennen.

Der Blick ging durch die offenen Wände.

Das Grundstück war lange Zeit eine Baustelle.

Dann konnte schließlich die Richtkrone gesetzt werden.

Das Fest zur Einweihung des rekonstruierten Fontanehauses im Sommer 1998. Mit dabei waren auch Mitarbeiter der Baufirma.

Die Wiedereröffnung des Fontanehauses im Jahr 1998 war auch Anlass für eine Restaurierung des Grabsteines von Louis Henri Fontane.

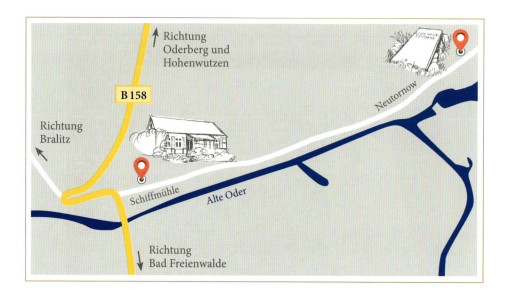

Wie gelangen Sie zum Fontanehaus in Schiffmühle und zum Grab von Louis Henri Fontane?

Am besten aus Richtung Bad Freienwalde kommend, folgen Sie der B 158, überqueren dann die Alte Oder und biegen danach in Schiffmühle nach rechts ab. Nach ein paar Metern erreichen Sie das Fontanehaus, das auf der linken Straßenseite steht.

Die Grabstelle von Louis Henri Fontane finden Sie in Neutornow. Sie folgen, das Fontanehaus im Rücken, derselben Straße immer entlang der Alten Oder. Der Friedhof befindet sich auch auf der linken Seite der Straße.

Fontanehaus und Heimatstube Schiffmühle
Schiffmühle 3 • 16259 Bad Freienwalde
Telefon: 033 44 / 33 37 73

Besuchen Sie auch andere Sehenswürdigkeiten in der Umgebung:

Haus der Naturpflege
Dr.-Max-Kienitz-Weg 2 • 16259 Bad Freienwalde
Telefon: 033 44 / 35 82
www.haus-der-naturpflege.de

Oderlandmuseum
Uchtenhagenstraße 2 • 16259 Bad Freienwalde
Telefon: 033 44 / 20 56
www.oderlandmuseum.de

Schloss Neuenhagen
Freienwalder Staße 12 • 16259 Bad Freienwalde
Telefon: 03 33 69 / 77 56 71
www.schloss-neuenhagen.de

Binnenschifffahrtsmuseum Oderberg
Hermann-Seidel-Straße 44 • 16248 Oderberg
Telefon: 03 33 69 / 53 93 21
www.bs-museum-oderberg.de

DOKUMENTE
MIT ZEITGESCHICHTE

Ein Zufallsfund in Potsdam

VOLKER PANECKE

Aus der Welt der Märchen und Sagen wissen wir, dass mancher Schatzfund, wenn nicht gar die Großzahl der Funde von Kostbarkeiten, einem glücklichen Zufall zu verdanken ist. Der Zufall ist also sehr häufig ein nützlicher Partner und das nicht nur im Märchen.

Was dachten die Mächtigen und die Großen des Geistes über den Zufall? Friedrich der Große, König von Preußen, ein bedeutender Herrscher und Denker, meinte etwa: *Je mehr man altert, desto mehr überzeugt man sich, dass seine heilige Majestät der Zufall gut drei Viertel der Geschäfte dieses miserablen Universums besorgt.*

Die mährisch-österreichische Schriftstellerin Marie von Ebner-Eschenbach, die man als zeitgenössische Kollegin Fontanes ansehen kann, drückte es so aus: *Der Zufall ist die in Schleier gehüllte Notwendigkeit.*

Zu guter Letzt soll der große norwegische Dichter Knut Hamsun zu Worte kommen: *Ein Zufall, der Gutes bringt, wird als Vorsehung angesehen, ein Zufall jedoch, der böse ausgeht, ist Schicksal.*

Fest steht, wäre nicht der Zufall im Spiel gewesen, gäbe es den nachfolgenden Dokumententeil nicht. Das wäre schade, denn die Dokumente sind der Grund, warum ich diese Gedanken niederschreibe.

Der *Kamerad Zufall* begleitete unseren Mitautor Helmut Otto, als dieser sich auf den Weg zum Landeshauptarchiv in Potsdam machte. Der Ortschronist von Schiffmühle und Betreuer des Fontanehauses wollte dort nach Dokumenten über Schiffmühle suchen. Man übergab ihm einen beträchtlichen Stapel von Papieren, und das Schicksal nahm seinen Lauf.

Nein, nicht das Schicksal. Folgt man Knut Hamsun, dann ist Schicksal die Bezeichnung für Dinge, die böse ausgehen. Da das Durchforsten der Papiere jedoch Gutes brachte, muss man folglich von Vorsehung sprechen, nach der Logik Hamsuns. Vorsehung, das ist nicht ein zu großes Wort. Nicht für den, der ein historisches Mosaikbild zusammensetzen will und gerade eines Steines habhaft geworden ist, dessen Vorhandensein fraglich war.

Ein wenig so wie mit dem besagten Mosaikstein war es durchaus, was Helmut Otto im Sommer 2016 im Landesarchiv Potsdam erlebte. Man wuchtete ihm einen Respekt einflößenden Stapel von Papieren auf den Tisch und er fragte sich ganz bange, ob er diesem in der veranschlagten Zeit gewachsen sei. Er war dem sehr wohl gewachsen. Tapfer kämpfte er sich Akte für Akte, Seite für Seite, Zeile für Zeile durch das Material.

Dann, so berichtet er, passierte es. Er glaubte den Namen *Louis Henri Fontane* zu lesen. Er blätterte vor und wieder zurück und tatsächlich, er hielt das Testament von Louis Henri Fontane in der Hand.

Dieser Fund ist etwas Besonderes. Wir konnten keinen Beleg dafür finden, dass ein Fontane-Forscher je zuvor dieses Testament in seinen Händen gehalten hätte. In den Schriften der bisherigen Fontane-Forschung und -Literatur gibt es keinen Bezug darauf. Das vorliegende Buch darf somit für sich beanspruchen, die erste Schrift zu sein, in deren Rahmen das Testament veröffentlicht wird. Zum 150. Todestag des Dichtervaters liegt es uns vor. Theodor Fontane, der Anekdoten liebte, hätte diese Laune des Zufalls wohl gefallen.

Es ist nicht nur das Testament, ausgefertigt am 23. Februar 1861 zu Schiffmühle, dazu gehört auch das Protokoll der Testamentseröffnung vom 8. Oktober 1867. Auch Letzteres gehört zu dem beschriebenen Zufallsfund im Landeshauptarchiv in Potsdam und findet hier seine erstmalige Veröffentlichung.

Es ist rührend zu lesen, wie Louis Henri seine Haushälterin, die unverehelichte Louise Papke, in seinem letzten Willen bedacht hat. Auch bewegt einen die Aufzählung der zu vererbenden Gegenstände und Güter. Das sind eine *birkene Waschtoilette* erwähnt und eine *braun gebeizte Kiefer Bettstelle*. Er hebt ferner *zwei silberne Esslöffel* und *einen kupfernen Schmortopf* hervor. Diese beinahe skurril anmutende Detailliertheit kennzeichnet das ganze Testament.

War der Lebemann Louis Henri, der in seinen Apothekertagen große Summen in den Sand gesetzt hatte, in seinen alten Tagen zum buchhalterischen Pedanten geworden? Zeigte sich da eine Kehrseite seines Gemütes? Am 7. März 1861, also zwei Wochen nach der Errichtung des Testamentes, berichtete Theodor seiner Mutter in einem Brief, wie sein Vater mit ihm *eine Menge alter Zettel durchgegangen sei, auf denen er sich in seinen vielen Mußestunden die fabelhaftesten Berechnungen angestellt hatte.*

Diese Zettel sind es mit sehr großer Wahrscheinlichkeit, die Louis Henri zum Bestandteil seines Testamentes gemacht hatte. Dort heißt es unter Punkt 4, *dass sich H. Fontane vorbehält, über einzelne Gegenstände durch von ihm eigenhändige ge- und unterschriebene Nachzettel, welche sich in seinem Nachlasse anfinden würden, letztwillig zu verfügen.*

Die wirtschaftliche Ungeschicklichkeit und Sorglosigkeit des Apothekers Fontane kontrastieren extrem mit dieser Penibilität der Zettel-Anordnungen des alten Louis Henri in Schiffmühle. Brach sich da tatsächlich ein Gegenpol seines Gemütes Bahn? Womöglich ist es viel weniger kompliziert. Das einfache Leben in seinem bescheidenen Häuschen in Schiffmühle hat ihn vielleicht die kleinen Dinge des Lebens schätzen gelehrt, auch die des täglichen Gebrauchs. Heute mag Hausrat etwas sein, wozu Erben einen Container bestellen, um ihn zu entsorgen. Mitte des 19. Jahrhunderts waren ein *kupferner Schmortopf* und eine *birkene Waschtoilette* durchaus von Wert. Ganz bestimmt in Schiffmühle, einer damals ärmlichen Einsiedelei an der Oder.

Etwas ganz anderes gibt es noch, was dieses Testament und auch das Dokument zur Testamentseröffnung interessant macht. Man findet darauf an mehreren Stellen den Vermerk *Kreisrichter Haeckel*. Da fällt einem der namhafte Zoologe Ernst Haeckel ein (1834–1919), der über Radiolarien, Schwämme und Medusen forschte und der Lehre des Darwinismus in Deutschland zum Durchbruch verhalf.

Der genannte *Kreisrichter Haeckel* (1824–1897) ist der große Bruder des berühmten Naturwissenschaftlers. Der Kreisrichter trug den Vornamen Karl, exakter: Karl Heinrich Christoph Benjamin. Wie aus den *Acten* hervorgeht, befand sich das *Königliche Kreisgericht* in Wriezen, der damaligen Kreisstadt. Seinen Wohnsitz hatte Karl Haeckel in Freienwalde, in der Uchtenhagenstraße 2. Er wohnte in jenem Gebäude, in dem sich heute in Bad Freienwalde das Oderlandmuseum befindet.

Neben dem von *Kreisrichter Haeckel* unterzeichneten Testament des Louis Henri Fontane findet der Leser im nachfolgenden *Dokumententeil* auch das Testament von Theodor Fontanes Mutter, Emilie Fontane, geb. Labry, ausgefertigt vom *Königl. Kreisgericht zu Neu-Ruppin*. Letzteres ist bereits bekannt und seit längerem zugänglich, sowie auch die anderen Dokumente.

Dokumente der Familie Fontane

HELMUT OTTO

Die nächsten Seiten zeigen im Kern die im vorangegangenen Text beschriebenen Originaldokumente der Familie Fontane: das Testament von Louis Henri Fontane und seine Sterbeurkunde, das Testament von Emilie Fontane (geborene Labry) mit handschriftlich verfassten Auszügen und Siegeln, eine Abschrift des Vertrages zwischen Carl Oltmann und Louis Henri Fontane zum Verkauf der Apotheke in Letschin sowie Auszüge aus dem Besitzerregister und dem Hypothekenbuch für die Apotheke in Letschin.

Den einzelnen Dokumenten ist jeweils eine Transkription gegenübergestellt, um dem Leser eine klare inhaltliche Information zu geben.

*Scherenschnitt von
Emilie Fontane, geborene Labry.*

*Scherenschnitt von
Louis Henri Fontane.*

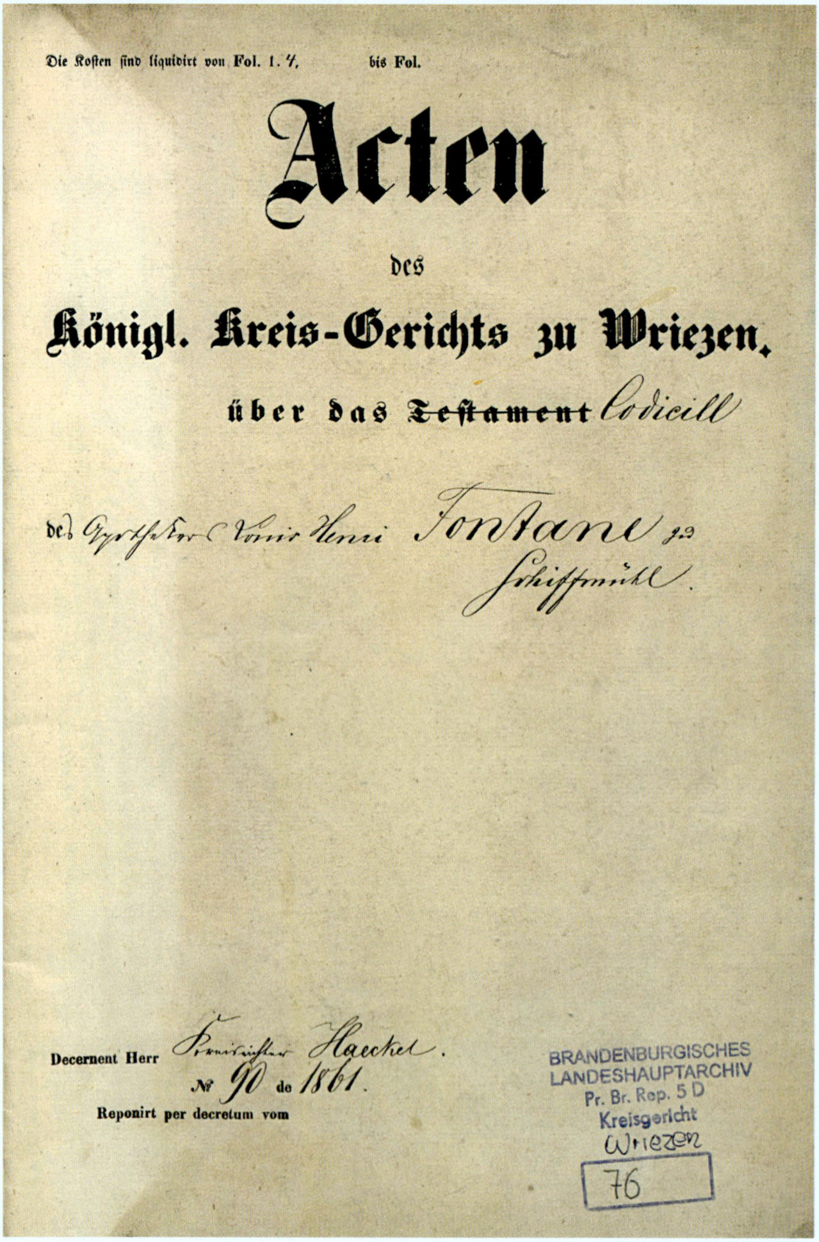

Das Testament von Louis Henri Fontane,
Titelseite.

Die Kosten sind liquidiert von Fol. 1.4   bis Fol.

Acten

Des

Königl. Kreis – Gerichts zu Wriezen

über das ~~Testament~~ Codicill

Des Apothekers Louis Henri Fontane

zu Schiffmühle

Dezernent Herr Kreisrichter Haeckel

No 90 de 1861

Reponirt per decretum vom

Das Testament von Louis Henri Fontane,
Titelseite, Transkription.

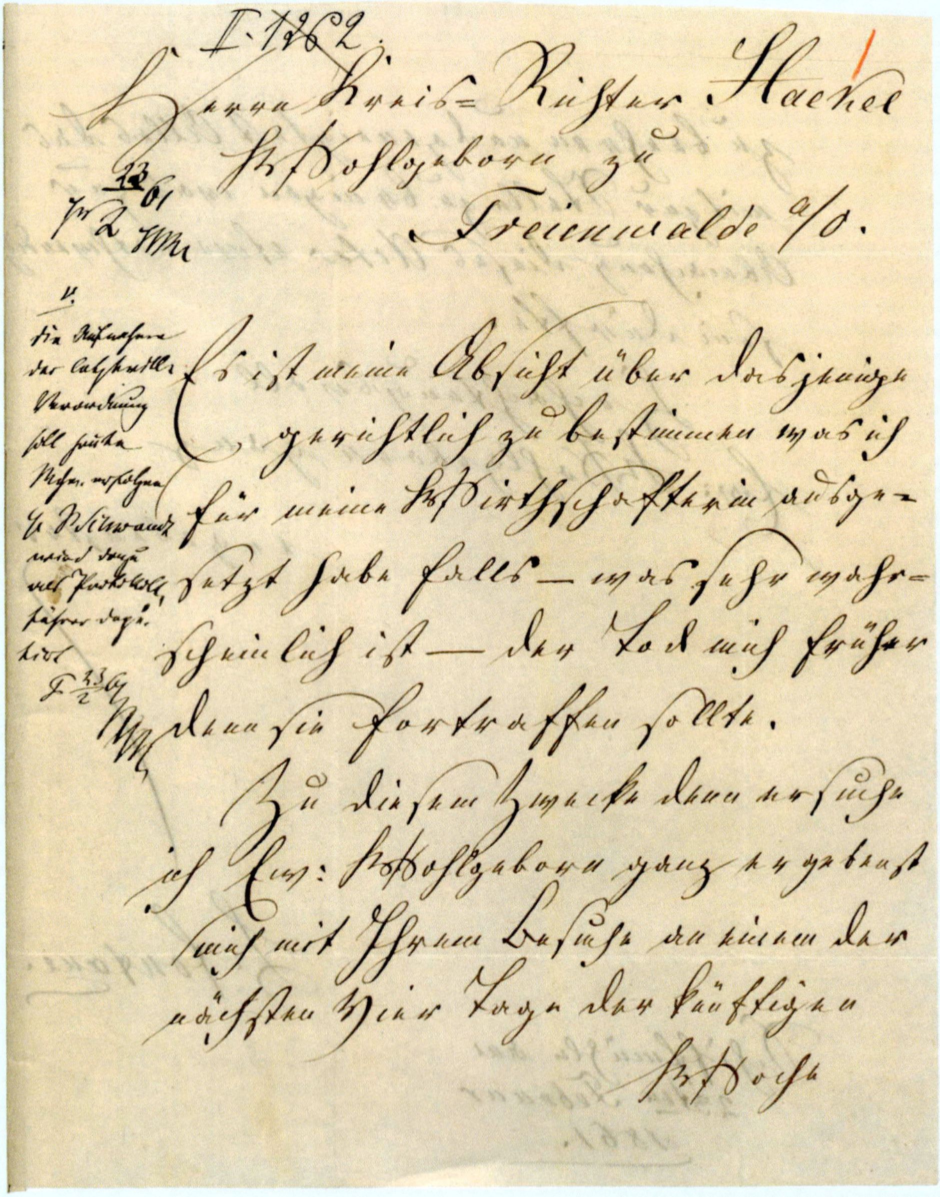

Das Testament von Louis Henri Fontane,
Seite 2, erster Teil.

II. 1262

Herrn Kreis – Richter Haeckel

Wohlgeborn zu

23

61   Freienwalde a/o

Es ist meine Absicht über das jenige gerichtlich zu bestimmen was ich für meine Wirtschafterin ausgesetzt habe falls – was sehr wahrscheinlich ist – der Tod mich früher denn sie fortraffen sollte.

Zu diesem Zweck denn ersuche ich Eur. Wohlgeborn ganz ergebenst mich mit ihrem Besuche an einem der nächsten vier Tage der künftigen Woche

Das Testament von Louis Henri Fontane,
Seite 2, erster Teil, Transkription.

Das Testament von Louis Henri Fontane,
Seite 2, zweiter Teil.

zu beehren und geneigtest Alles das mit zur Stelle zu bringen was zur Abmachung dieses Actes etwa notwendig sein dürfte.

Hochachtungsvoll

Eur. Wohlgeborn ganz

ergebenster

        L. Fontane

Schiffmüühle dat.

23. Februar 1861

Das Testament von Louis Henri Fontane,
Seite 2, zweiter Teil, Transkription.

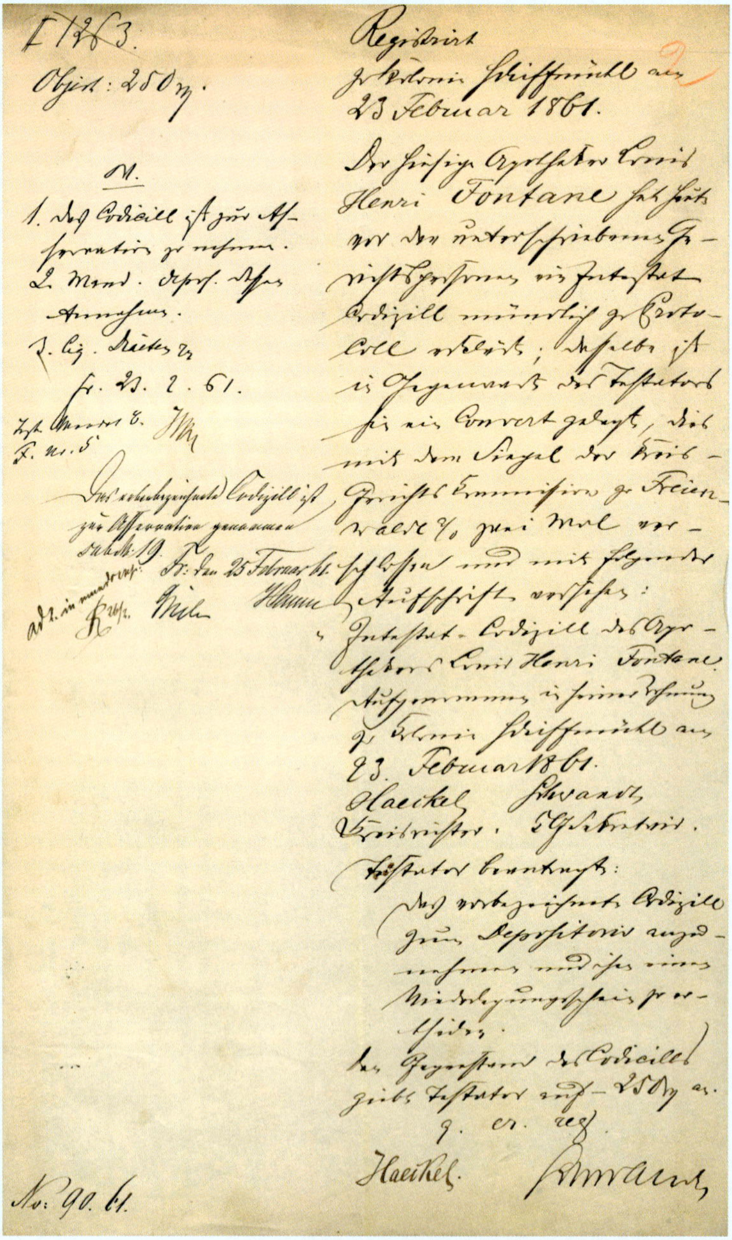

Das Testament von Louis Henri Fontane,
Seite 3.

II/

Objekt: 250…

1. Das Codizill ist zur Aservation zu nehmen.
2. ……dessen Annahme
3. ……Diäten zu Fr. 23.2.61

… …

F Nr. 5

Das nebenbezeichnete Codizill ist zur Asservation genommen

… 19. Fr. den 25 Februar 61

Registriert

Kolonie Schiffmühle am 23. Februar 1861

Der hiesige Apotheker Louis Henri Fontane hat heute vor den unterschriebenen Gerichtspersonen ein Intestatcodozill mündlich zu Protokoll erklärt; dasselbe ist in Gegenwart des Testators in ein Couvert gelegt, dies mit dem Siegel der Kreis – Gerichts Kommission zu Freienwalde a/o zweimal verschlossen und mit folgender Aufschrift versehen:

„Intestat – Codizill des Apothekers Louis Henri Fontane.

Aufgenommen in seiner Wohnung zu Kolonie Schiffmühle am 23. Februar 1861

Haeckel	Schwandt
Kreisrichter	K. G. Sekretär

Testator beantragt:

Das vorbezeichnete Codizill zum Deposinonir anzunehmen und ihm einen Niederlegunsschein zu erteilen.

Den Gegenstand des Codizills gibt Testator auf 250 Taler an.

Haeckel Schwandt

Das Testament von Louis Henri Fontane,
Seite 3, Transkription.

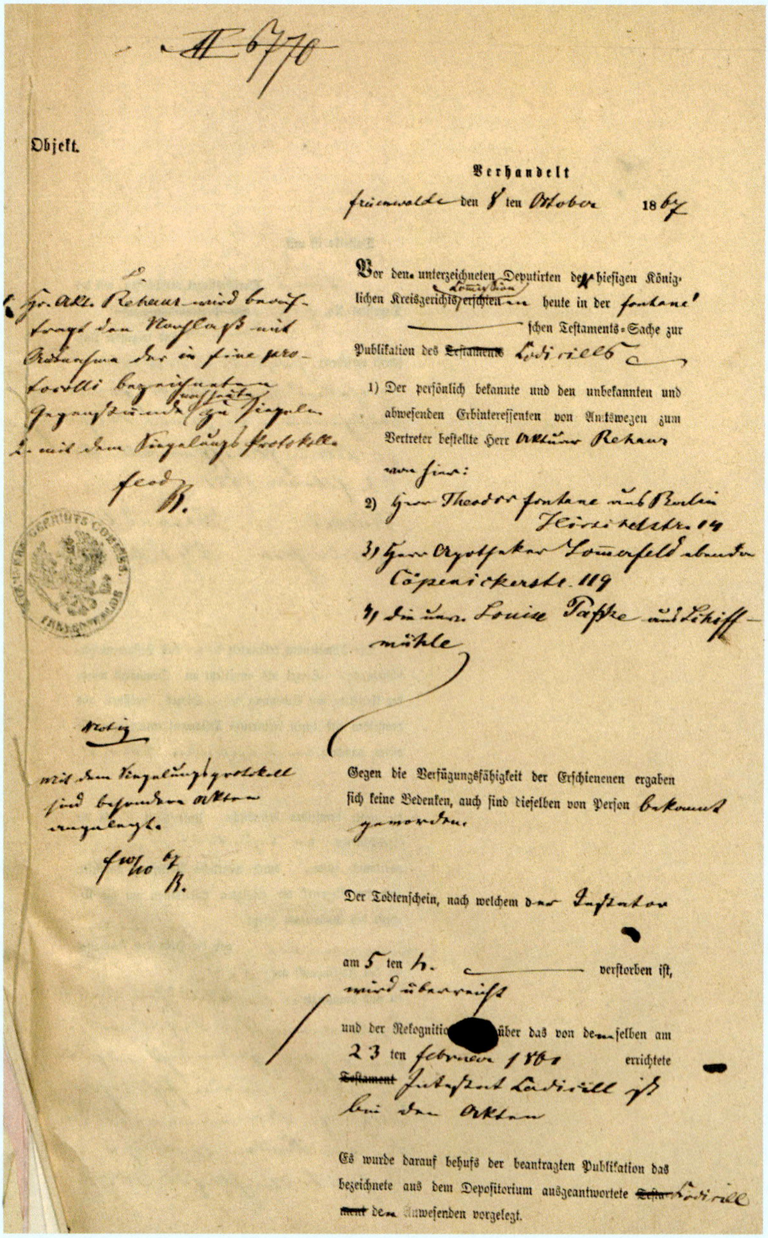

*Das Testament von Louis Henri Fontane,
Seite 4.*

II 6770

Verhandelt
Freienwalde den 8. Oktobert 1867

1.
2. Hr.Akt. Rehaus wird beauftragt den Nachlass mit Ausnahme der in seine protocolli bezeichneten Gegenstände noch heute zu siegeln
3. Mit dem Siegelungsprotokolle

Notiz: Mit dem Siegelungsprotokoll sind besondere Akten angelegt.

Vor dem unterzeichneten Deputierten der hiesigen Königlichen Kreisgerichts Kommission erschienen heute in der Fontaneschen Testamentssache zur Publikation des Cocills

1. Der Persönlichkeit bekannte und den unbekannten und abwesenden Erbinteressenten von Amtswegen zum Vertreter bestellte Herr Aktuar Rehaus von hier;
2. Herr Theodor Fontane aus Berlin, Hirschstraße 14
3. Herr Apotheker Sommerfeld ebenda, Cöpenickerstraße 119
4. Die unv. Luise Papke aus Schiffmühle

Gegen die Verfügungsfähigkeit der Erschienenen ergaben sich keine Bedenken, auch sind dieselben von Person bekannt geworden.

Der Totenschein, nach welchen der Testator am 5._____1867 verstorben ist, wird überreicht und der Rekognitionsschein über das von demselben am 23. Februar 1861 errichteten Inestat Codizill ist bei den Akten.

Es wurde darauf behufs der beantragten Publikation das bezeichnete aus dem Depositorium ausgeantwortete Codizill den Anwesenden vorgelegt.

Das Testament von Louis Henri Fontane,
Seite 4, Transkription.

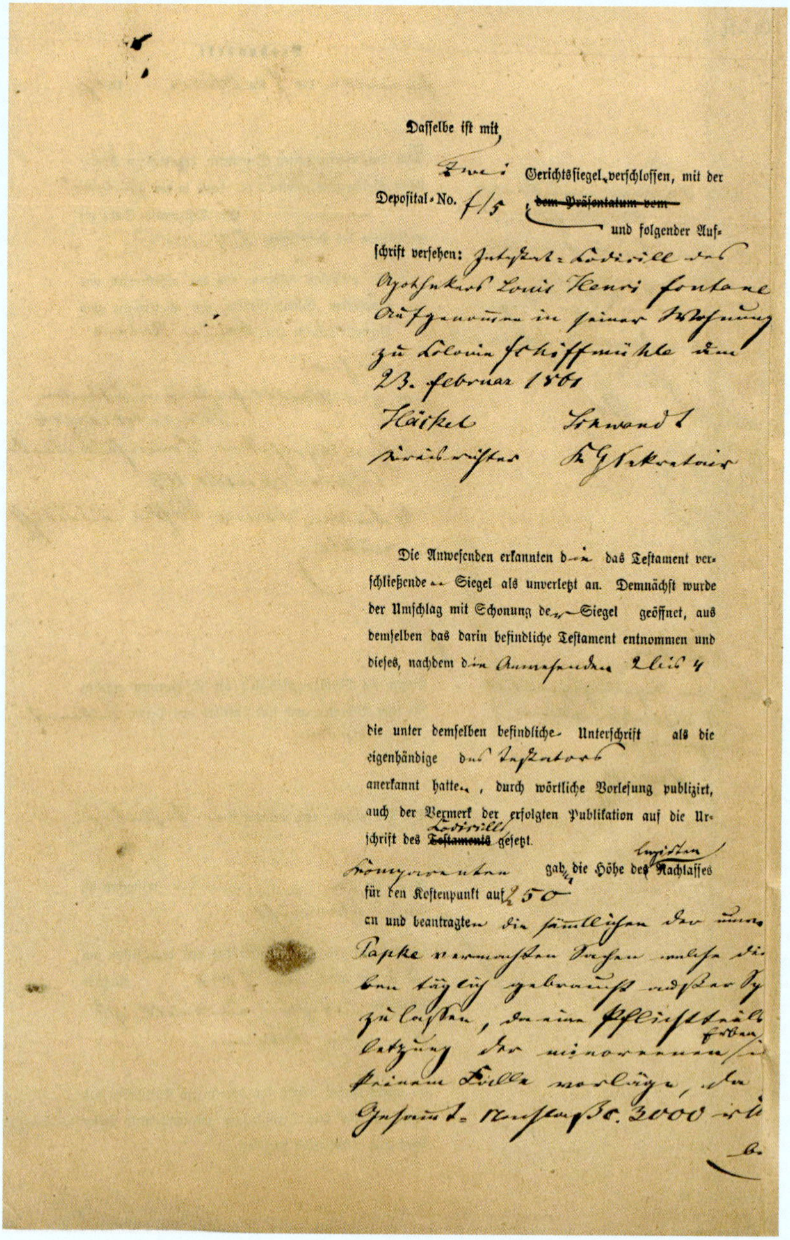

Das Testament von Louis Henri Fontane,
Seite 5.

Dasselbe ist mit zwei Gerichtssiegel verschlossen mit der Deposital – No. F / 5 und folgender Aufschrift versehen:

Intestat – Codizill des Apothekers Louis Henri Fontane aufgenommen in seiner Wohnung zu Colonie Schiffmühle, den 23. Februar 1861

    Haeckel   Schwandt

    Kreisrichter   K. G. Sekretär

Die anwesenden erkannten die das Testament verschließenden Siegel als unverletzt an. Demnächst wurde der Umschlag mit Schonung der Siegel geöffnet, aus demselben das darin befindliche Testament entnommen und dieses, nachdem die Anwesenden 2 bis 4 die unter demselben befindliche Unterschrift als die eigenhändige des Apothekers anerkannt hatten, durch wörtliche Vorlesung publiziert, auch der Vermerk der erfolgten Publikation auf die Urschrift des Codizill gesetzt.

Komparenten gaben die Höhe des liquirten Nachlasses für den Kostenpunkt auf 250 an und beantragten die sämtlichen der unv. Papke vermachten Sachen welche diese täglich gebraucht außer………. z, da eine Pflichtteilsverletzung der minorennen Erben in keinem Falle vorläge, da

Gesamt – Nachlass 3000 Taler betrage.

    v. g. u.

    Sommerfeld, Theodor Fontane

    Rehaus   Louise Papke

    Borgmann

Das Testament von Louis Henri Fontane,
Seite 5, Transkription.

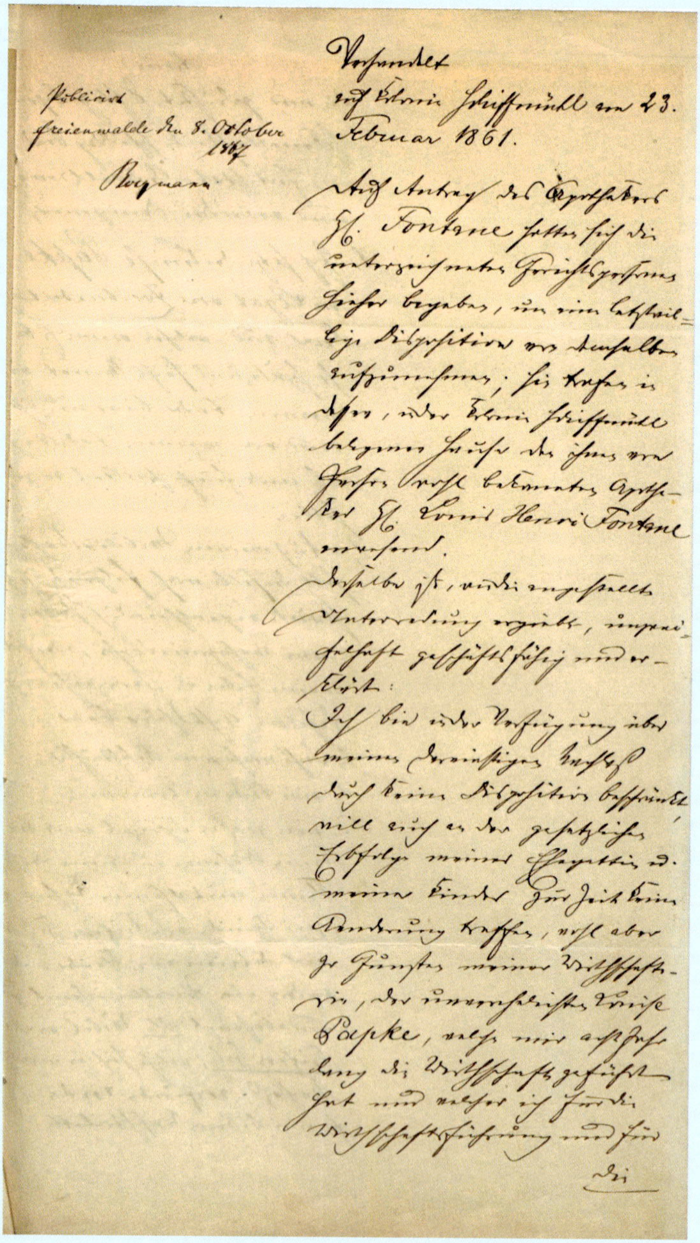

Das Testament von Louis Henri Fontane,
Seite 6.

Publiziert

Freienwalde den 8. Oktober 1867

Borgmann

Verhandelt auf Colonie Schiffmühle am 23. Februar 1861

Auf Antrag des Apothekers Henri Fontane hatten sich die unterzeichneten Gerichtspersonen hierher begeben, um eine letztwillige Disposition von demselben aufzunehmen.

Sie trafen indessen, in der Colonie Schiffmühle belegenen hause des Ihnen von Person recht bekannten Apothekers Henri Fontane anwesend.

Derselbe ist, wie die angestellte Unterredung ergibt, unzweifelhaft geschäftsfähig und erklärt:

Ich bin in der Verfügung über meines dereinstigen Nachlass durch keine Disposition beschränkt, will auch an der gesetzlichen Erbfolge meiner Ehegattin und meiner Kinder zur Zeit keine Änderung treffen, wohl aber zu Gunsten meiner Wirtschafterin, der unverehelichten Louise Papke, welche mir acht Jahre lang die Wirtschaft geführt hat und welcher ich für die Wirtschaftsführung und für die mir geleistete treue Pflege besondere Erkenntlichkeit schuldig bin. Ein Intestat – Codizill machen und werde demgemäß

1) Ich setze der Louise Papke ein Legat von zweihundert Taler aus, welches meine Erben ihr spätestens sechs Monate nach meinen Tode bar auszahlen und von meines Todestage ab mit fünf Prozent verzinsen sollen.
2) Aus meinem Mobiliar Nachlass soll dieselbe noch folgende Gegenstände eigenthümlich haben.
3) a. mein Mahagoni – Sopha, oder falls meine Erben es vorziehen, ist dasselbe acht Taler bar
b. Sechs Mahagoni Rohrstühle
c. eine birkene Kommode
d. ein großer Spiegel mit birkenen Rahmen und einen desgl. mit eisernen Rahmen.

Das Testament von Louis Henri Fontane,
Seite 6, Transkription.

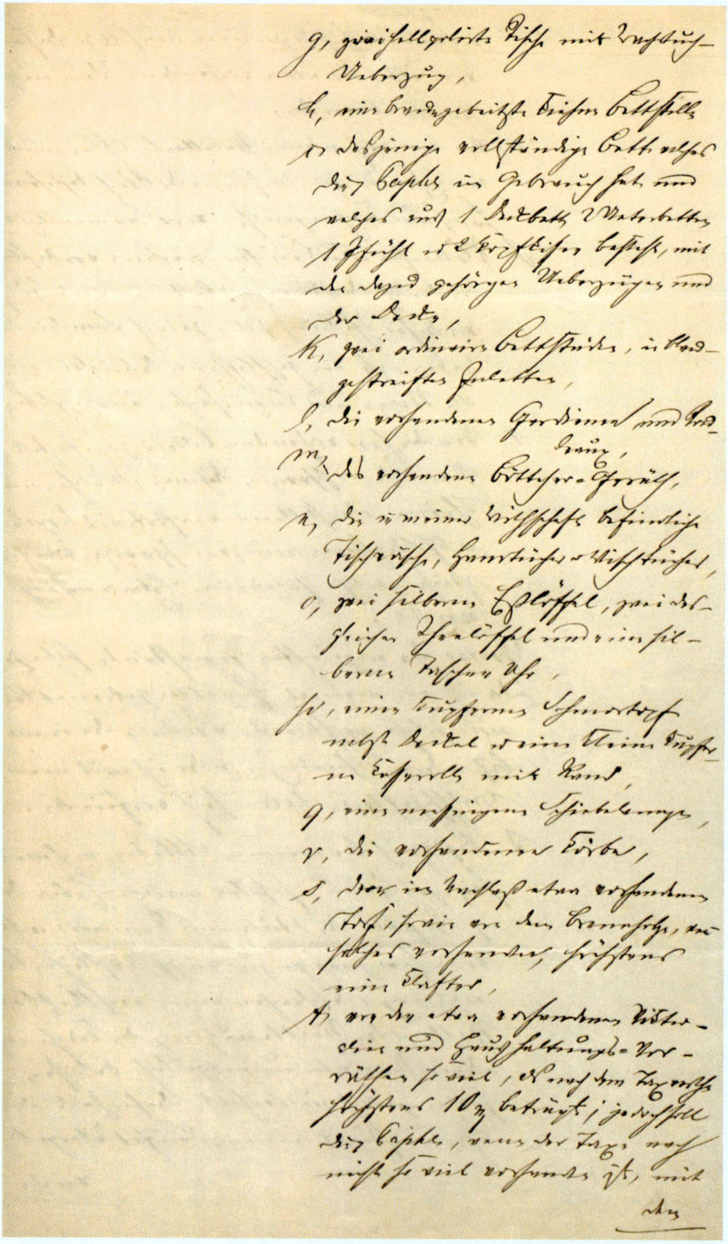

Das Testament von Louis Henri Fontane,
Seite 7.

e. Zwei Spinde von Kiefern Holz, von des einen ein Kleider- des anderen ein Porzellan – Spind ist und überhaupt alle Möbel von Kiefern Holz, welche sich in meinen Nachlass vorfinden werden.
f. eine birkene Waschtoilette
g. zwei follpolierte Tische mit Wachstuchüberzug
h. eine braun gebeizte Kiefer Bettstelle
i. dasjenige vollständige Bett welches die Papke in Gebrauch hat und welches aus 1 Deckbett, Unterbette 1... u. 2 Kopfkissen besteht, mit das dazu gehörigen Überzügen und der Decke.
k. zwei ordinaire Bettstücke, in blaugestreiften Inletten
l. Die vorhandenen Gardinen und... ... mit das vorhandene Böttcher – Gerät
n. die in meiner Wirtschaft befindliche Tischwäsche, Handtücher und Wischtücher
o. zwei silberne Esslöffel. Zweidesgleiche Theelöffel und einer silbernen Taschenuhr
p. einen kupfernen Schmortopf nebst Deckel und eine kleine kupferne Kasserolle mit Rand
q. einen messingene Schiebelampe
r. die vorhandenen Körbe
s. der im Nachlaß etwa vorhandene Torf sowie von den Brennholz, wenn solches vorhanden, höchstens ein Klafter
t. von den etwa vorhandenen...... und Haushaltungs Vorgeräten so viel, es nach dem Taxwert höchstens 10 Taler beträgt, jedoch soll die Papke, wenn der taxe nach nicht so viel vorhanden ist, mit vorhandenen sich begnügen und soll zu diesen Vorräthen der etwa vorhandene Wein nicht gerechnet werden.
u. Von den vorhandenen Porzellan, Glas und alles Eisen, Kupfer, Messing oder Blech bestehendes Haus und Küchengeräth wozu namentlich auch Plätteisen und Leuchter gerechnet werden sollen die durch das Loos zu bestimmende Hälfte vor dieser Theilung, sollen jedoch Familien, Andenken, z. B. ein geschliffenes Christellglas und alle Nips- und Luxussachen ausgeschlossen werden.
v. Von den hier vorhanden Bildern zwei Pastell – Gemälde in schwarzen Rahmen, Mädchen mit Thränen derselben ein Porträt... in Goldrahmen und zwei schwarze Kupferstiche, welche ihr meine Erben aussuchen werden.

Das Testament von Louis Henri Fontane,
Seite 7, Transkription.

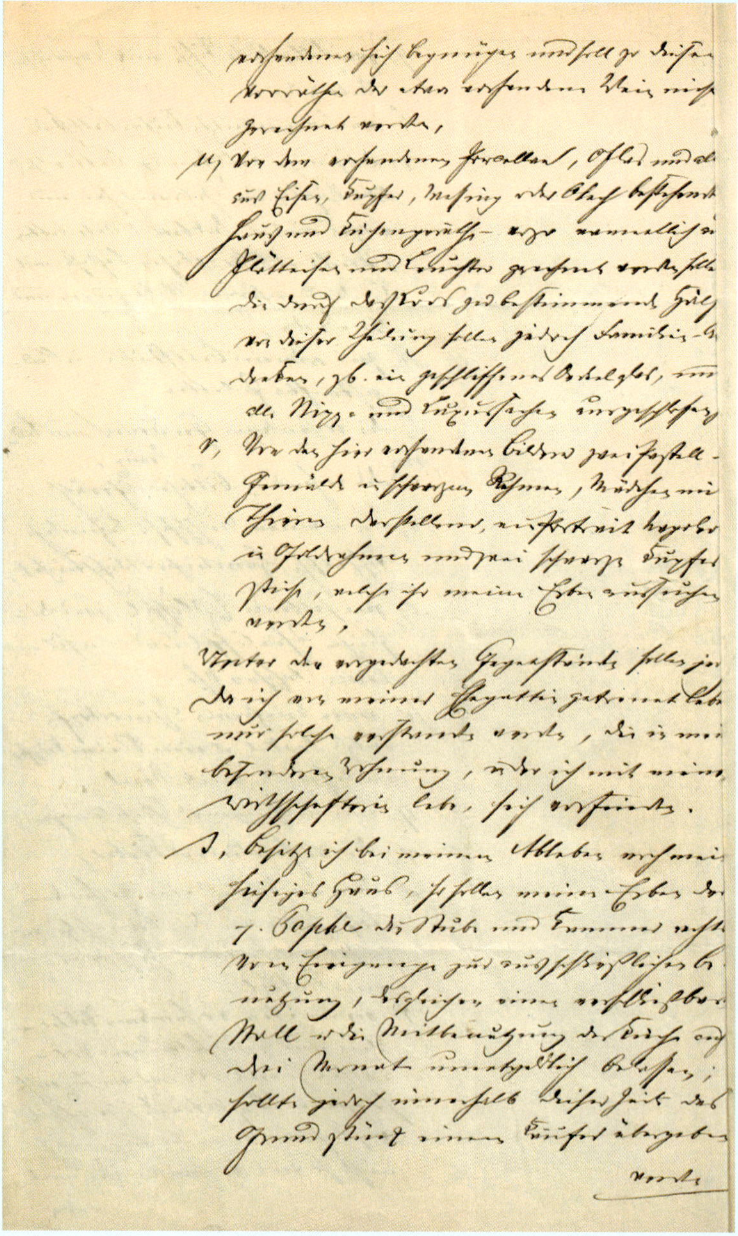
erfordern sich begnügen und soll zu diesem
Verwandte der etwa erforderlichen Stein nicht
gebraucht werden,
u, von dem erforderlichen Porzellan, Glas und allem
aus Eisen, Kupfer, Messing oder Blech bestehenden
Haus- und Küchengeräthe, ganz namentlich
Plätteisen und Leuchter gerechnet werden sollen
die durch das Loos zu bestimmende Hälfte
von dieser Theilung sollen jedoch Familien-
stücke, z.B. ein geschliffenes [illegible], und
alle Nipp- und Luxussachen ausgeschlossen
v, von den hier erforderlichen Bildern zwei Pastell-
Gemälde in schwarzen Rahmen, Mädchen mit
Thieren darstellend, außerdem ein [illegible]
in Goldrahmen und zwei schwarze Kupferstiche, welche ihr meine Erben aussuchen
werden,
Unter den angedeuteten Gegenständen sollen jedoch
da ich von meiner Ehegattin getrennt lebe
nur solche verstanden werden, die in meiner
besonderen Wohnung, in der ich mit meiner
Wirthschafterin lebe, sich befinden.
w, besitze ich bei meinem Ableben noch mein
jetziges Haus, so sollen meine Erben der
7. [illegible] die Stube und Kammer nebst
[illegible] Eingange zur ausschließlichen Benutzung, desgleichen einen verschließbaren
Stall oder die Mitbenutzung der Küche auf
drei Monat unentgeltlich belassen;
sollte jedoch innerhalb dieser Zeit das
Grundstück einem Käufer übergeben
werden

Das Testament von Louis Henri Fontane,
Seite 8.

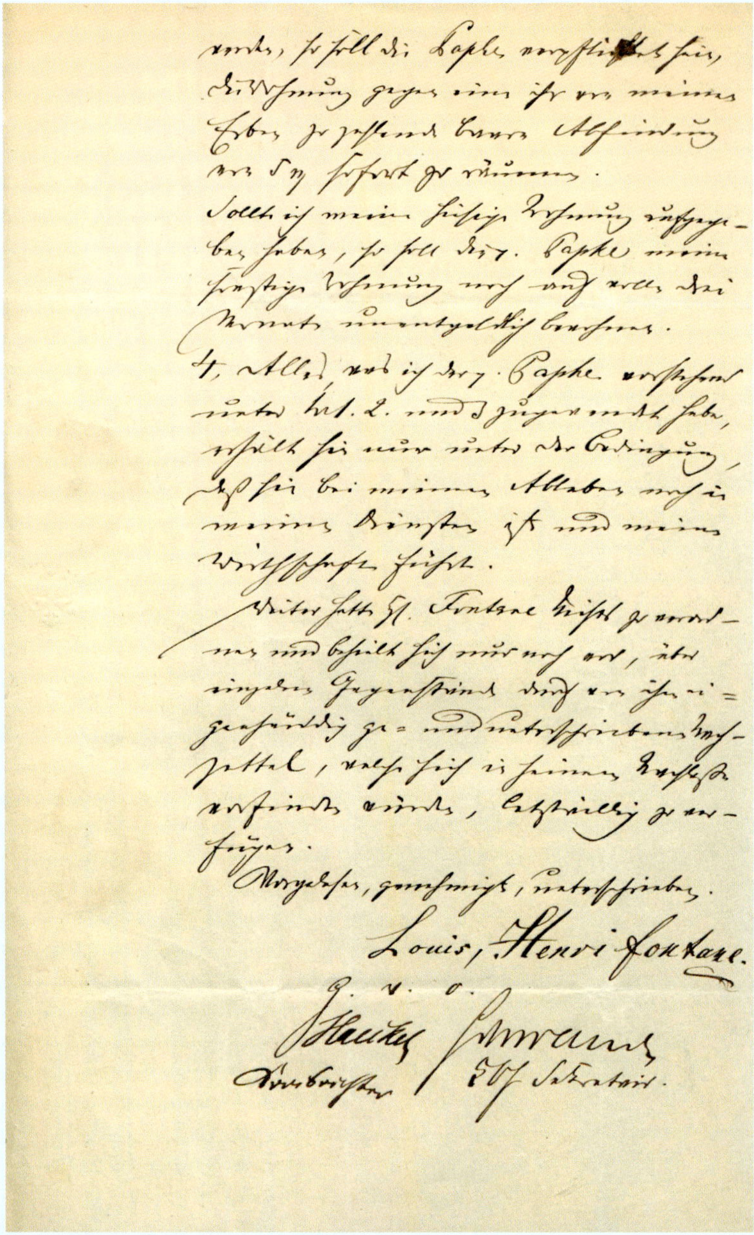

werde, so soll die Sapke verpflichtet sein, die Wohnung gegen eine ihr von meinen Erben zu zahlende baare Abfindung von 5 rt sofort zu räumen.
Sollte ich meine jetzige Wohnung aufgegeben haben, so soll die Sapke meine jetzige Wohnung noch auch volle drei Monate unentgeltlich bewohnen.
4, Alles, was ich der Sapke vorstehend unter No. 1. 2. und 3 zugewendet habe, erhält sie nur unter der Bedingung, daß sie bei meinem Ableben noch in meinen Diensten ist und meine Wirthschaft führt.
Weiter hatte H. Fontane nichts zu verordnen und behielt sich nur noch vor, über einzelne Gegenstände durch von ihm eigenhändig ge- und unterschriebene Nachzettel, welche sich in seinem Nachlasse vorfinden würden, letztwillig zu verfügen.
Vorgelesen, genehmigt, unterschrieben.
Louis, Henri Fontane.

Das Testament von Louis Henri Fontane,
Seite 9.

Unter den vorgedachten Gegenständen sollen jedoch da ich von meiner Ehegattin getrennt lebe nur solche verstanden werden, die in meiner besonderen Wohnung, in der ich mit meiner Wirtschafterin lebe, sich anfinden.

4. Besitze ich bei meinen Ableben noch mein hiesiges Haus, so sollen meine
Erben
1. Papke die Stube und Kammer rechts vom Eingange zur ausschließlichen Benutzung, desgleichen einen verschließbaren Stall u. die Mitbenutzung der Küche auf drei Monate unentgeltlich belassen; sollte jedoch innerhalb dieser Zeit das Grundstück einen Käufer übergeben werden, so soll die Papke verpflichtet sein die Wohnung gegen einen ihr von meinen Erben zu zahlende baare Abfindung von 5 Taler sofort zu räumen. Sollte ich meine hiesige Wohnung aufgegeben haben, so soll die Papke vorstehend unter No. 1. 2. Und 3 zugewendet habe, erhält sie bei meinen Ableben noch i meinen Diensten ist und noch meine Wirtschaft führt.

Weiter hatte H. Fontane dieses zu verordnen und behält sich nur noch vor, über einzelne Gegenstände durch von ihm eigenhändige ge- und unterschrieben Nachzettel, welche sich in seinem Nachlasse anfinden würden, letztwillig zu verfügen.

Vorgelesen, genehmigt und unterschrieben

Louis Henri Fontane

Haeckel   Schwandt
Kreisrichter   K. G. Sekretär

F.No.5
Intestat – Codizill des Apothekers Louis Henri Fontane.
Aufgenommen in seiner Wohnung zu Kolonie Schiffmühle am 23. Februar 1861

Haeckel   Schwandt
Kreisrichter   K. G. Sekretär

Das Testament von Louis Henri Fontane,
Seite 8 und 9, Transkription.

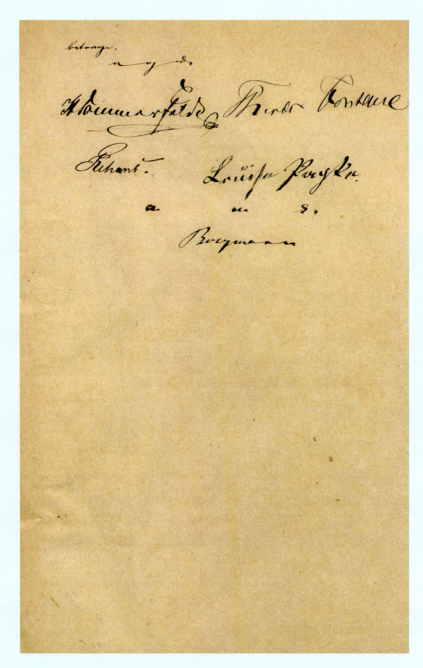

Ein Blatt mit Unterschriften aus dem Testament von Louis Henri Fontane.

Auszug
aus dem Kirchenregister (Verstorbene)
Neuenhagen Kr. Königsberg Nm.

Jahrgang 1867 No. 60
Wohnort : Schiffmühle
Name : Louis Heinrich Fontane
Stand : Apotheker
Alter : 71 Jahre, 6 Monate, 11 Tage
Hinterbliebene: Witwe, 3 maj. Kinder, 1 min. Enkelkind
Zeitpunkt des Todes: 5. Oktober abends 11 Uhr
Todesursache : Altersschwäche
Anzeigender : der Sohn Theodor
Tag des Begräbnisses : 8. Oktober
Friedhof Neu-Tornow.
Prediger Schallehn.

Pro vera copia
Evangelisches Pfarramt
Bralitz-Neuenhagen,
den 31. August 1953
Lindner, Pf.

Die Sterbeurkunde von Louis Henri Fontane, Auszug aus dem Kirchenregister.

Grabstein von Emilie Fontane und ihrer Tochter Elise auf dem Friedhof in Neuruppin.

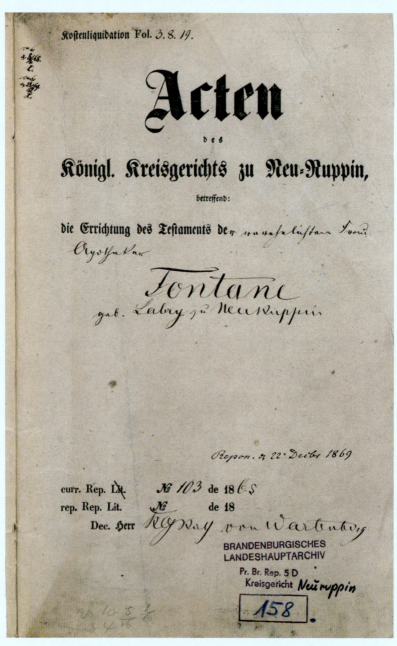

Das Testament von Emilie Fontane, geborene Labry,
Titelseite.

Kosten Liquidation Fol.   3. 8. 19.

Acten

des

Königl. Kreisgerichts zu Neu = Ruppin,

betreffend:

die Errichtung des Testaments der *verehelichten Frau*
Apotheker

Fontane

geb. Labry zu Neu Ruppin

Repon. d. 22 . Decbr. 1869

curr. Rep. Lit.   N° 103 de 18*69*
rep. Rep. Lit.   N°   de 18
Dec. Herr   K... von Wartenberg

Das Testament von Emilie Fontane, geborene Labry,
Titelseite, Transkription.

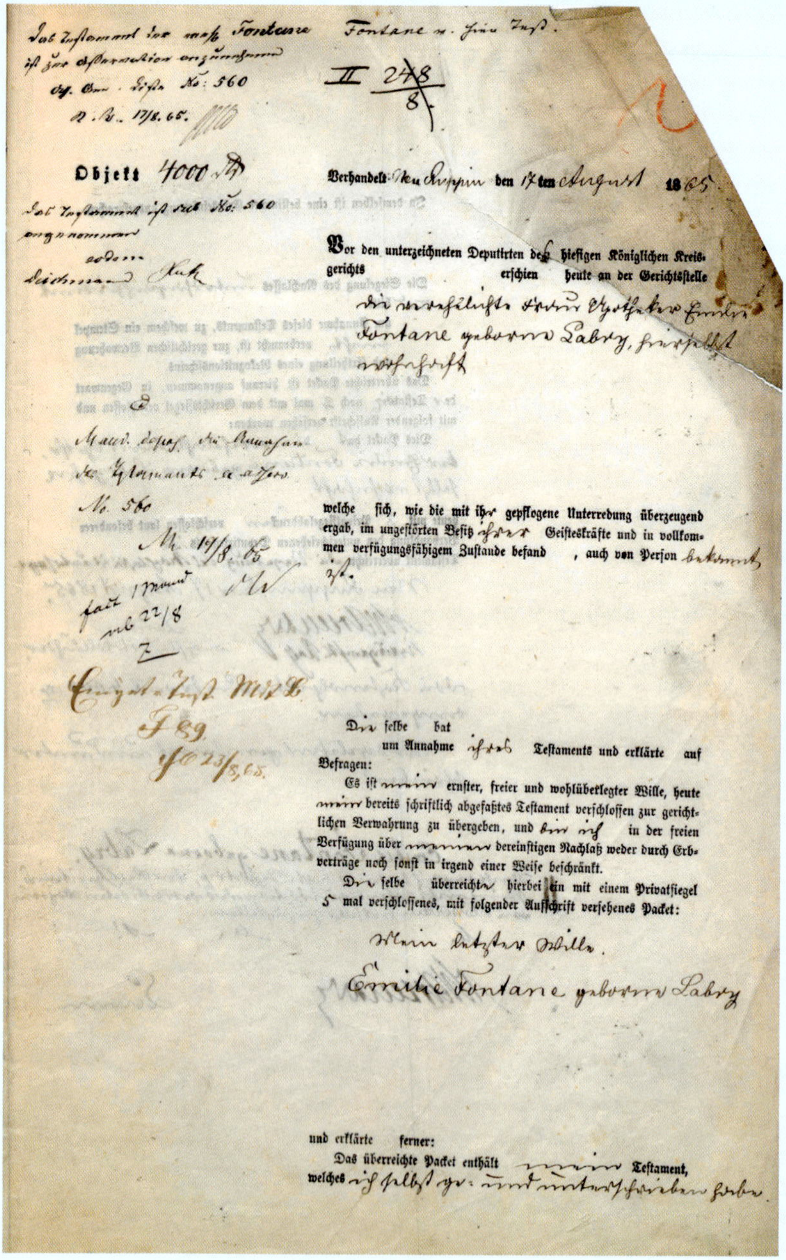

Das Testament von Emilie Fontane, geborene Labry,
Seite 1.

Das Testament der verehl. Fontane
ist zur Asservation anzunehmen
Ass. Ann = Liste No: 560
N. R. 17/8.65

Fontane v. hier
Test.

II   <u>248</u>
8.

Objekt 4000 Thl.
das Testament ist ... No: 560
angenommen
codem

Deichmann   Huth

Verhandelt: *Neu Ruppin* den *17*ten *August* 18*65*

Vor dem unterzeichneten Deputierten de*s* hiesigen
Königlichen Kreis=gerichtes erschien
heute an der Gerichtsstelle

die verehelichte Frau Apotheker Emilie
Fontane geborne Labry, hierselbst
wohnhaft

a

Mand. depos. die Annahme
des Testaments lt. asserv.
No. 560

welche sich, wie die mit ihr gepflogene Unterredung
überzeugend ergab, im ungestörten Besitz i*hrer*
Geisteskräfte und in vollkommen verfügungsfähigen
Zustande befand, auch von Person *bekannt ist.*

19/8. 65

fact / Mand
ab 22/8
Z.
Eingetr. Test. Mdt B.
F 89

Dieselbe bat um Annahme *ihres* Testaments und
erklärte auf Befragen:
Es ist *mein* ernster, freier und wohlüberlegter Wille,
heute mein bereits schriftlich abgefaßtes Testament
verschlossen zur gericht=lichen Verwahrung zu
übergeben, und *bin ich* in der freien Verfügung über
meinen dereinstigen Nachlaß weder durch Erb=
verträge noch sonst in irgend einer Weise beschränkt.
Dieselbe überreichte hierbei ein mit Privatsiegel
5 mal verschlossenes, mit folgender Aufschrift
versehenes Paket:

Mein letzter Wille.
Emilie Fontane geborne Labry

und erklärte ferner:
    Das überreichte Paket enthält *mein* Testament
    welches *ich selbst ge=* und *unterschrieben*
    habe.

Das Testament von Emilie Fontane, geborene Labry,
Seite 1, Transkription.

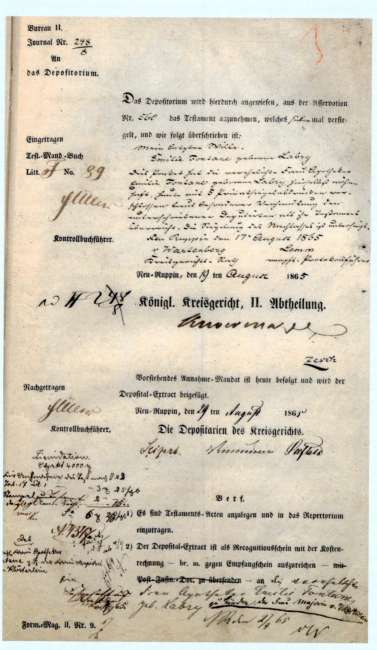

Das Testament von Emilie Fontane, geborene Labry,
Seite 2.

Bureau II.
Journal Nr. $\underline{248}$
8

An
das Depositorium.

           Das Depositorium wird hierdurch angewiesen, aus der Asservation Nr. *560* das Testament anzunehmen, welches *siebenmal* versiegelt, und wie folgt überschrieben ist:

Eingetragen
Test.= Mand=Buch

Mein letzter Wille.
Emilie Fontane geborne Labry

Litt. *F.* No. **89**

Dies Paket hat die verehelichte Frau Apotheker Emilie Fontane geborne Labry, hierselbst wohn= haft, heute mit 5 Privatsiegelabdrücken ver= schlossen laut befundener Verhandlung den unterschriebenen Deputierten als ihr Testament überreicht. Die Siegelung des Nachlasses ist untersagt.

Kontrollbuchführer.

Neu Ruppin den *17. August* 1865
 v. Wartenberg   Lemm
 Kreisgerichts=Rath verpfl. Protokollführer

Neu=Ruppin, den *19* ten *August* 1865

Königl. Kreisgericht, II. Abtheilung.

                Zesch

Vorstehendes Annahme= Mandat ist heute befolgt und wird der

Nachgetragen

Deposital=Extract beigefügt.

Neu=Ruppin, den *29* ten *August* 1865

Kontrollbuchführer.

Die Depositarien des Kreisgerichts.

Seipert.   ...   Seeflatt

Liquidation.
Objekt 4000 Thl.
Für Annahme des Test. nach § 22
Tab. 17 ...

Verf.

1. Es sind Testaments=Acten anzulegen und in das

Repertorium
Stempel zum Testament
desgl: zu Ann: Verh.

 einzutragen.

2. Der Deposital=Extract ist als Recognitionsschein mit

 der Kostenrechnung – br. m. gegen Empfangsschein

 auszureichen – mit ~~Post=Insin.=Doc. zu übersenden~~
 an *die verehelichte verhl. Frau Apotheker*

  Emilie Fontane geb. Labry <u>zu Händen der Frau</u>
  <u>Majorin v. Klösterlein</u>

     .... 2/9 65

Form.=Mag. II. Nr. 9.

Das Testament von Emilie Fontane, geborene Labry,
Seite 2, Transkription.

»Mein letzter Wille«, das handschriftlich verfasste Titelblatt des Testamentes von Emilie Fontane, geborene Labry.

Transkription:
Mein letzter Wille.
Emilie Fontane geborene Labry.
Paket hat die verwittwete Frau Apotheker Emilie Fontane geborne Labry hierselbst heute mit 5 Privatsiegelabdrücken verschlossen laut besonderer Verhandlung unterschriebenen Deputierten als ihr Testament überreicht, die Siegelung des Nachlasses ist untersagt.
Neuruppin den 3 Juni 1868
v. Wartenberg   Klösterlein
Kreis Gerichts Rath   Bureau Diätar

Siegel auf dem handschriftlichen Testament von Emilie Fontane, geborene Labry.

Das handschriftliche Testament von Emilie Fontane, geborene Labry, Seite 1.

89
Publiziert Neu Ruppin den 22. December

1869

v. Wartenberg

Ich, Emilie Fontane geborne Labry, verordne hiermit für den Fall meines Todes Folgendes:

§ 1.

Zu meinen Erben setze ich ein:
1. *meinen Sohn Theodor Fonatne.*
2. *meine Tochter Jenny Fontane, verehelichte Sommerfeldt.*
3. *meine Tochter Elise Fontane.*
4. *meine Enkelin Marianne Fontane.*

§ 2.

Mit der Theilung meines Nachlasses soll es, wie folgt, gehalten werden:
1. *Meine Tochter Elise, soll meinen gesamten Mobiliar=Nachlass, einschließlich des vorhandenen Silbers, der Betten, Wäsche und der baren Gelder, vorweg erhalten*
2. *Von meinem Kapital=Vermögen, welches gegenwärtig 4000 Thl. beträgt und auf der Letschiner Apotheke eingetragen steht, soll meine Tochter Elise unter allen Umständen, also auch wenn sich dasselbe bis zu meinem Tode verringern sollte, 1000 Thl. erhalten, wogegen die übrigen 3000 Thl., oder der davon noch ver= bliebene geringere Betrag, unter meinen drei andern Erben, gleichmäßig vertheilt werden soll.*

§ 3.

Zum Testaments=Vollstrecker ernenne ich meinen Schwiegersohn, den Apotheker H. Sommefeldt zu Berlin und ermächtige denselben, meine ausstehenden Forderungen zu kündigen, darüber zu quittieren, diesel= ben zu rediren und Processe deshalb zu führen. Was die bis zur Einziehung der Kapitalien, auflaufenden Zinsen meines Kapital=Vermögens anbetrifft. so soll mein Schwiegersohn die Zinsen gleichfalls einzuziehen ermächtigt sein,

Das handschriftliche Testament von Emilie Fontane, geborene Labry, Seite 1, Transkription.

COPIA VIDIMATA

(das Original hat 124 rth. Stempel)

Actum Letschin den 26ten August 1838

Zufolge der an ihn eingegangenen Aufforderung hatte sich zur Aufnahme eines Kauf- Contracts der unterschriebene Notarius heute hierher nach Letschin in die Wohnung des Herrn Apotheker Oltmann begeben, daselbst angetroffen wurden :
1. der genannte Apotheker Herr Carl Oltmann
2. der Apotheker Herr Louis Henry Fontane aus Mühlberg

von denen Ersterer persönlich bekannt ist, Letzterer sich durch Prodection seines Besitz-Documents von der Apotheke zu Mühlberg, die ihm bisher gehörte, legitimierte, und als Apotheker auswies.
Nachdem dieselben auch ihre Dispositions-Fähigkeit versichert hatten, gegen welche sich sonst kein rechtliches Bedenken fand, ist von ihrer unter Zuziehung der in der Person.
1. des mit zur Stelle gebrachten vereidigten Protokollführers Johann Ferdinand Julius Taige
2. des herbeigerufenen Kaufmanns Herrn Heinrich Fittinger von hier

bestellten Instrumentszeugen nachstehender Kauf-Contract aufgenommen worden.

§ 1.

Der Eingangs genannte Apotheker Herr Carl Oltmann verkauft das von Kleinbüdner Martin Weinberg mittels Contract vom 18. Juni 1833 acquirirte Grundstück von 63 Quadratruten Land, hierselbst belegen mit den darauf errichteten Gebäuden, als einem Wohnhaus nebst Stall, imgleichen mit dem hinter dem Hause befindlichen Hofraum und Garten, sowie mit dem um das Gehöft sich erstreckenden Bretterzaun, namentlich aber mit der in dem Wohnhaus angelegten Apotheke mit allen in dieser sich befindlichen zum Betriebe des Apotheken- Geschäfts gehörigen Gefäßen, Instrumenten und sonstigen Utensilii, die Gebäude überhaupt mit allem, was darin erd-, band-, wand-, nieth-, nagel-, klammer- und mauerfest ist, alles so wie es jetzt steht und liegt, wie den gleichfalls genannten Apotheker Henri Louis Fontane zum unwiderruflichen Eigenthum um und für den Kaufpreis von 16000 rth. schreibe sechzehn Tausend Thaler Courant, auch willigt Verkäufer in die Umschreibung des Besitztituls auf den Namen des Käufers, auf welchen dieser hiermit anträgt.

§2.

Außer der in § 1. genannten Gegenständen werden noch sämtliche vorhandenen Waarenvorräthe mit überlassen, und ist Herr Verkäufer verpflichtet, einen Waarenbestand zu dem Wehrte von mindestens 1500 rth. schreibe Eintausend fünfhundert Thaler zu übergeben. Insofern er das nicht vermag, hat den fehlenden Wehrt dem Herrn Käufer in baarem Gelde zu vergütige. Die Ermittlung des Werths, welchen sich Contrahenten vorbehalten, erfolgt durch 2 von ihnen zu erwählenden Sachverständigen und erklärt sich Herr Käufer bereit, sämtliche vorhandenen Waarenvorräthe, ohne Rücksicht darauf, ob solche zum Medicinal- Geschäft unbedingt notwendig sind, sich nach dem Gutachten der Sachverständigen anrechnen zu lassen, jedoch mit Ausschluß des vorhandenen Weinlagers, von welchem er nur eine Quantitaet zu dem Betrage von höchstens 200 rth. schreibe zweihundert Thaler Courant anzurechnen sich verpflichtet, und auch diese nur unter der Bedingung, daß der zu übergebende guter gangbarer Wein ist.

§ 3.

Das Kaufgeld für die in § 1. und 2. bemerkten Gegenstände und resp. für das Grundstück und die Apotheke selbst, wird in folgender Art berichtigt:
1. bekennt Herr Verkäufer
a, bereits am 28. April   cuor.   500 rth.
b, heute wiederum   "   2500 rth

Abschrift des Vertrages zwischen Carl Oltmann und Louis Henri Fontane
zum Verkauf der Apotheke in Letschin, Seite 1.

überträgt also = 3000 rth =
schreibe Drey Tausend Thaler Courant, erhalten zu haben, über deren baaren und richtigen Empfang er hiermit in bester Rechtsform quittirt.

2. verpflichtet sich Herr Käufer, am 5ten Januar 1839 die Summe von 5000 rth. postunfrei an den Herrn Verkäufer zu zahlen und vom heutigen Tage ab bis zum Zahlungstage mit 4 1/2 pro Cent zu verzinsen. Auch willigt Herr Verkäufer darin, daß dieses Kaufgeld der 5000 rth. auf dem verkauften Grundstück nebst Zubehör eingetragen, und auf seine Kosten Recognition darüber ertheilt werde.

= 5000rth.=

Catus = 8000 rth.
Transport = 8000 rth.

3. den Rest von = 8000 rth.
verpflichtet sich Herr Käufer von heute ab bis zum Zahlungstage gleichfalls mit 4 1/2 pro Cent Zinsen, welche in halbjährlichen Raten post numerando zu berichtigen, zu.........(unleserlich)
Sinne, und bleibt derselbe mit der Bedingung für den Herrn Verkäufer auf dem verkauften Grundstück nebst Zubehör stehen, daß bei prompter Zinszahlung eine Kündigung dieses Kaufgelderrestes vor Ablauf von acht Jahren nicht von seiten des Herrn Verkäufers erfolgen darf. Sollte Herr Käufer im Laufe dieser acht Jahre gedachtes Capital ganz oder teilweise kündigen wollen, so muß sich Herr Verkäufer die Kündigung jedoch nicht unter einer Summe von 1000 rth. gefallen lassen.

Summa = 16 000 rth. =

Herr Verkäufer acceptirt ihm ad 2. und 3. bestellte Hypothek und sonst übernommenen Verpflichtungen von seiten des Herrn Käufer bestens und trägt auf die Eintragung des Kaufgeldes von resp. 5000rth. nur 8000rth..

§ 4.

Auf dem verkauften Grundstück stehen die für den Bruder des Herrn Verkäufers, der Steuerinspector Oltmann zu Züllichau 2000rth. eingetragen, diese verpflichtet sich Herr Verkäufer bis zum 15ten Januar des künftigen Jahres zur Löschung zu bringen, auch bis zu diesem Zeitpunkte für die Berichtigung seines Besitztituls, insoferne diese nicht schon beim Hypothekenbuch erfolgt sein sollte, zu sorgen, damit dann auch die Besitztitul- Berichtigung für den Herrn Käufer stattfinden kann.

§ 5.

Die Uebergabe des Grundstücks mit der Apotheke und sonstigem Zubehör ist am heutigen Tage zur Zufriedenheit beider Theile erfolgt, dieselben sich gegenseitig quittirend, hiermit anerkennen, jedoch mit der Maaßgabe, daß die Ermittelung des Waarenlagers noch der Bestimmung des §2. vorbehalten bleibt und in dieser Beziehung der Herr Käufer noch nicht unbedingte Quittung leisten kann.

§ 6.

Was die für gelieferte Arzeneien ausstehenden Forderungen betrifft, so wird sich solche Herr Verkäufer während seines Verweilens hierselbst womöglich noch selbst einziehen, hinsichtlich der bis zu seinem Abzuge von hier noch nicht eingegangenen Forderungen wird aber bestimmt, daß Herr Käufer die aus dem Jahre 1838 noch rückständigen gegen 25 pro Cent Rabatt einzieht und den Betrag derselben am 1. April 1839 dem Herrn Verkäufer baar vergütigt und resp. zahlt. Zu diesem Zwecke werden dem Herrn Käufer auch von letzterem die betreffenden Conto- Recepte estradirt, und behalten sich beide Theile die nähere Feststellung des

Abschrift des Vertrages zwischen Carl Oltmann und Louis Henri Fontane zum Verkauf der Apotheke in Letschin, Seite 2.

einzuziehenden nur resp. zu vergütigenden Betrages vor. Sollten einige der Restanten Gegenforderungen haben, so versteht es sich von selbst, daß der dem Herrn Käufer für die Einziehung zugebilligten Rabatt der 25 pro Cent nur von dem Betrag berechnet werden darf, welcher nach Abzug der Gegenforderungen zu zahlen ist. Hernächst gehen zum Tage der Übergabe, also von heute an, Gefahrkosten und Abgaben, sowie die Nutzungen von dem erkauften Grundstücke nebst Zubehör, in Besonderheit von dem Apotheken- Geschäfte auf den Herrn Käufer über.

§ 7.

In Bezug auf die zu entrichtenden Werthstempel zu dem Contracte wird von den Contrahenten bestimmt, daß der Werth :
1. von dem Grundstücke selbst incl. Apotheke = 10600 rth. =
2. von dem zur Apotheke gehörenden   Catus per se
    Utensilien c.c. ingleichen den Waarenvorräthen auf = 5400 rth. =
angenommen werden soll, dem zufolge
Kaufgeld auf   = 16000 rth. =
sich als richtig ergibt.

§ 8.

Was die Erlaubnis zu diesem Verkauf von Seiten der Landes - Polizeibehörde betrifft, so ist solche dem Herrn Verkäufer durch die beiliegende Verfügung der Königl. Regierung zu Frankfurt a/o vom 07. May 1838 erteilt, aus welcher zugleich hervorgeht, daß letztere sich bestimmt hat, die Concession auf den Herrn Käufer zu übertragen. Dieser versichert seinerseits, die Zusage derselben erhalten zu haben, und wird auf die auf ihn übertragene Concession , welche bereits ausgefertigt ist, nachträglich beibringen.

§ 9.

Die Ausvertigung des Contracts erfolgt in duplo, nehmlich einmal für den Herrn Verkäufer rücksichtlich des für ihn noch § 3. einzutragenden Kaufgeldes und einmal für den Herrn Käufer als Besitz- Document. De Kosten für die Aufnahme und Ausfertigung übernimmt Letzterer allein mit Einschluß des Werthstempels, wohingegen, wie sich von selbst ergibt, jeder Theil eigenen Besitztitul- Berechtigung, insofern solch auch noch für den Herrn Verkäufer fehlen sollten, selbst trägt.

§ 10.

Herr Verkäufer leistet übrigens dem Herrn Käufer die gesetzliche Gewähr gegen alle Ansprüche dritter Personen, welches von diesem auf das Beste acceptirt wird.

§ 11.

Beiderseits Contrahenten entsagen allen diesem Contracte zuwiderlaufenden Einwendungen, namentlich Herr Käufer dem Einwande der Verletzung über die Hälfte, obgleich er über die Folge dieser Erklärung darüber belehrt worden, daß vom zwischen dem Kaufgeld und dem wahren Werthe des verkauften Grundstücks und Zubehör ein solches Mißverhältnis statt finde, das jenes diesen um das Doppelte übersteige, er dennoch unter dem Vorgeben eines dem Contracte entkräftenden Irrthums denselben ferner nicht mehr anfechten könne.

§ 12.

Zwischen dem Verkäufer und der Witwe Zimmermann zu Letschin schwebt ein Prozeß wegen Aufnahme des unreinen Wassssers und sonstiger Flüssigkeiten in den von der Oltmannschen Apotheke vorbeiführenden Rinnstein, und befindet sich dieser Prozeß gegenwärtig bis zur Abfassung des zweiten Erkenntnisses. Für diesen Ausfall desselben übernimmt Herr Verkäufer keine Garantie, vielmehr entsagt Herr Käufer jedem

Abschrift des Vertrages zwischen Carl Oltmann und Louis Henri Fontane zum Verkauf der Apotheke in Letschin, Seite 3.

Anspruch auf Entschädigung oder welchen Namen er sonst führen mag, an den Herrn Verkäufer, insofern gedachter Prozeß in zweiter Instanz für letzteren ungünstig ausfallen sollte .Dies acceptirt Herr Verkäufer bestens und verpflichtet sich dagegen, die entstehenden Prozeßkosten ohne Zutun des Herrn Käufers zu tragen und insofern dergleichen etwa von diesem, als jetzigem Besitzer selbst beim Prozeßbeteiligten Grundstück sollten eingefordert werden, demselben vollständig zu erstatten, welch Erklärung Herr Käufer seinerseits bestens acceptirt. Hierauf ist den beiderseitigen Contrahenten vorstehender Contract in Gegenwart der Instrumentszeugen zur Durchsicht vorgelegt

Abschrift des Vertrages zwischen Carl Oltmann und Louis Henri Fontane zum Verkauf der Apotheke in Letschin, Seite 4.

Auszug aus dem Besitzerregister für die Apotheke in Letschin.

Fol. 146 für zu Letschin Amt Wollup

Name des Besitzers	Rubrica I. Titulus possessiones	Rubrica II Onera perpetua
der Apotheker Carl Ludwig Oltmann	Er hat dies Grundstück besage gerichtlichen von der Königl. Regierung zu Frankfurt/ o genehmigten Kauf-Contracts vom vom 8.Juni 1833 für Einhundertachtzig Thaler Cour. vom Kleinbüdner Martin Weinberg gekauft und darauf ein Apotheker Etablissement errichtet, daher sein Besitztitul im Apothkerbuch berechtigt anerkannt ad Decretum vom 31. Juli 1835	Einschränkung des Eigentums oder Disposition Jährlich 1 Sgr. Kreissteuerabgabe besage Dismembrations-Consenses der Königl. Regierung zu Frankfurt vom 28. October 1833 Eingetragen ad Decretum vom 31.Juli 1835
der Apotheker Henri Louis Fontane	Er hat das Grundstück besage notariellen Kaufcontracts vom 26. August 1838 vom Apotheker Carl Ludwig Oltmann für Sechzehntausend Thaler Cour. erkauft dies sein Besitztitul auf den Grund der Ihm erteilten Apotheken-Koncession vom 10. Juni 1838 im Hypoth.-Buch berechtigt ad decr. v. 6. Febr. 1839	
Carl Herrmann Robert Sommerfeld	Vom Vorbesitzer Louis Henri Fontane mittels Contract vom 10. Oktober 1850 für Siebentausend Thaler gekauft und ist sein Besitztitul auf Verfühgung vom 26. Oktober 1850 berechtigt worden. In dem selben Vertrag hat Verkäufer vom Käufer die Concession zu der an dem Grundstück betriebenen Apotheke für 13 000 Th. und die mitverkauften Gerätschaften und Vorräthe für ebenfalls 13 000 Th. überlassen. Letzter Erwerbspreis des Grundstücks imJahr 1838 16 000 Th.	

Auszug aus dem Besitzerregister für die Apotheke in Letschin, Transkription.

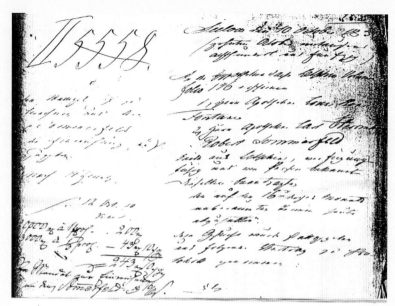

- Abschrift -

Auszug aus dem Hypothekenbuch
"Letschin, Volumen I, folio 146"
im Besitz von Frau Randel, Letschin

Original 15 Groschen Stempelbogen

Hauptexemplar

Nachstehender Kauf Kontrackt
Seelow den 10. October 1850
/: Zehnten October Ein Tausend Acht Hundert
und Fünfzig :/
In der Hypothekensache Letschin, Volumen I, folio
146, erschienen
1., Herr Apotheker Louis Henry Fontane
2., Herr Apotheker Karl Herrmann Robert Sommerfeld
beide aus Letschin, verfügungsfähig und von
Person bekannt.
Dieselben beantragen den auf den 16 ten dieses
Monats anberaumten Termin heute abzuhalten.

Auszüge mit Transkription aus dem Hypothekenbuch Letschins zum Verkauf der Apotheke von Louis Henri Fontane an den Schwiegersohn Karl Herrmann Sommerfeldt.

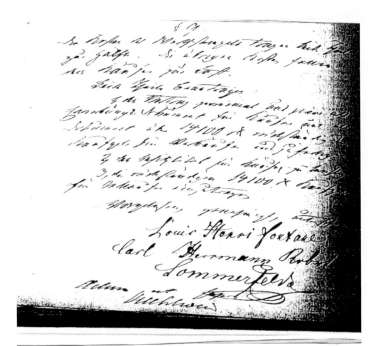

Vorgelesen, genehmigt, unterschrieben

Louis Henry Fontane

Carl Herrmann Robert Sommerfeld

actum ut supra
Kuhlwein

wird unter des Gerichts Insiegel und Unterschrift
für den

Apotheker Louis Henry Fontane
zu Letschin

als Document über 14 1oo Thaler, Vierzehn Tausend Ein Hundert Thaler, ausgefertigt.

Seelow den 26. October 1850
Königliche Gerichts Commission II

/:L.S.:/ Unterschrift

Schultz.

Kirchenbuchauszüge im Hugenottenmuseum

Transkription:

Am 17. April 1796 hat der Herr Pfarrer Bazanden im Tempel der Vorstadt von Köpenick Louis Henri, der am 24. März um ein Uhr morgenszur Welt gekommen ist, Sohn von Pierre Barthélémy Fontane und von Sophie Louise Deubel seiner Frau, beide Einheimischen von Berlin, getauft. Er ist von Jean Chrétien Hermann und von Chrétienne Louise Hermann, gebürtige Frederick, vorgestellt gewesen.

Transkription:

Am 21. Oktober 1798 hat der Herr Pfarrer Palmié im Tempel von Werder Emilie geboren am 27. September um 6 Uhr morgens, Mädchen von Jean François Labry, Händler, gebürtiger Magdeburger, und von Charlotte Frédérique Mumme seiner Frau, gebürtige Berlinerin, getauft. Sie ist von Jean Eichler ihrem mütterlichen Cousin und von Caroline Humbert, gebürtige Pauli, und Marguerite Cuny, gebürtige Douzat, der abwesende ihre väterliche Großmutter, vorgestellt gewesen. Ihre Paten und Patinnen. Die 6 Artikel oben sind von uns Kommissare Unterzeichnete überprüft gewesen. Paul Dortu (?): (Mitglieder der) Alten (der Gemeinschaft) und Sekretär

Transkription:

Am 24. März 1819 hat der Herr Pfarrer Palmié, die Heirat von Louis Henri Fontane Apotheker in Ruppin, gebürtiger Berliner, dem Sohn von Pierre Barthélémy Fontane und von Maria Louise Deubel einerseits, und von Emilie Louise, geborene Labry, gebürtige Berlinerin, Mädchen von Jean François Labry und von Charlotte Frédérique Chrétienne Magdelene Mumme, gesegnet.

Das Hugenottenmuseum mit der Dauerausstellung »Hugenotten in Berlin und Brandenburg« befindet sich im Französischen Dom am Gendarmenmarkt in Berlin.

Fundstücke aus alten Zeitungen

HELMUT OTTO

Theodor Fontane auf der Titelseite,
»Illustrierte Frauen-Zeitung«, 1882.

> Das den Erben des verstorbenen Rentiers **Fontane** gehörige, auf Schiffmühle bei Freienwalde a. O. belegene Grundstück, bestehend aus 1 Wohnhause von 2 Stuben, 2 Kabinets, Küche, Bodenraum, massivem Stalle nebst einem Morgen Acker (sich seiner schönen Lage wegen besonders für Rentiers oder Pensionäre eignend), soll aus freier Hand verkauft werden. Kaufliebhaber erfahren Näheres in Berlin beim Apotheker Herrn **H. Sommerfeld**, Köpnickerstraße 119, oder in Freienwalde a. O. beim Weinhändler Herrn **F. Th. Prüfert**.

Anzeige zum Verkauf des Hauses in Schiffmühle, im »Oberbarnimer Kreisanzeiger« am 5. 12. 1867. Theodor Fontane und sein Schwiegersohn Herrmann Sommerfeldt kümmerten sich um den Nachlass.

Ein Fontane-Fund in Eberswalde.

Theodor Fontanes Vater, **Louis Henry Fontane**, geboren zu Berlin am 30. März 1796, gestorben zu Schiffmühle (Neutornow) bei Freienwalde am 5. Oktober 1867, besaß 12 Jahre lang die jetzige **Fontane-Apotheke** in dem großen Oberbruchdorf Letschin, die dann von seinem Schwiegersohn Sommerfeld fortgeführt wurde.

Fontanes Vater hatte Anfang Oktober 1850 Letschin verlassen, um sich zunächst nach Berlin zu wenden, wo er der Vermählung seines Sohnes Theodor beiwohnen wollte. Diese fand am 16. Oktober ged. Jahres statt. Seine Hochzeit hat Theodor Fontane selbst sehr nett beschrieben in seinen autobiographischen Bande „Von Zwanzig bis Dreißig".

„Ich habe viele hübsche Hochzeiten mitgemacht, aber keine hübscher als meine eigene . . . . Dem Gastmahl („bei Georges") voraus ging natürlich die Trauung, die 2 Uhr in der Fournierschen Kirche, Klosterstraße, festgesetzt worden war. Alles hatte sich rechtzeitig in der Sakristei versammelt, **nur mein Vater fehlte noch** und kam erst wirklich um eine halbe Stunde zu spät".

Es fällt auf, daß Fontane nur von seinem Vater, nicht **von seinen Eltern** spricht. Den Grund erfahren wir anderweitig in dem Bande „Meine Kinderjahre", wo es heißt: „Die Meinungsverschiedenheiten (bei Fontanes Eltern) erreichten jedoch bald einen solchen Grad, daß das Ehepaar beschloß, fortab in getrennter Ehe zu leben".

Fontanes Vater ging nach Eberswalde, wo er wenige Tage nach der Hochzeit seines Sohnes eintraf. Ueber seinen mehrjährigen Aufenthalt in Eberswalde war man bisher nicht unterrichtet. Selbst nicht in der Familie des Dichters, denn der Sohn Friedrich unseres „Wanderers in der Mark" schreibt dem Unterzeichneten:

„Sehr wahrscheinlich ist, daß Louis Henri Fontane sich in Eberswalde vorübergehend, vielleicht auch längere Zeit aufgehalten hat. Näheres darüber ist mir aber nicht bekannt."

Durch einen vor wenigen Tagen gemachten Fund, den der Unterzeichnete bei der Sortierung von Niederlassungsakten machte, wissen wir nunmehr genau über die Sachlage bescheid. Das Originalprotokoll — das sich in der Familiengeschichtssammlung des hiesigen Heimatmuseums befindet — möge hier mitgeteilt sein.

Actum Neustadt-Eberswalde, den 21. October 1850.

Es erscheint der Herr **Apotheker Louis Henry Fontane** aus Letschin und zeigt an: Ich bin hierher gezogen, habe bei dem Fuhrherrn **W. Sasse** eine Wohnung gemietet und trage darauf an, mir die Niederlassung zu gestatten. **In Letschin besaß ich eine Apotheke**, diese habe ich verkauft und und lebe hier von Barem. Meine Frau hält sich in Berlin auf und jeder von uns hat einen jährlichen Zinsengenuß von 300 Reichstaler. Ueber meine bisherige Führung weise ich mich durch das übergebene Führungsattest aus. B. g. u.

L. Fontane.

Das angezogene Führungsattest, das dem Aktenstück beigefügt ist, hat folgenden Wortlaut:

Daß der Rentier, Herr Louis Henri Fontane, welcher 12 Jahre hindurch Besitzer einer Apotheke in diesseitigen Amtsdorfe Letschin gewesen, während seines Wohnsitzes von eben so langer Dauer daselbst einen moralisch guten Lebenswandel geführt hat, wird demselben behufs seiner Wohnsitznahme in Neustadt-Eberswalde hiermit bescheinigt.

Wollup, den 7. October 1850.
(L. S.) Königl.-Domänen-Amt M. Koppe.

Die beiden Urkunden geben uns interessante Aufschlüsse und bringen uns Licht in Verhältnisse, über die wir bisher nicht unterrichtet waren.

Uebrigens hat schon einmal vor Fontanes Vater ein Ahne des „Wanderers in der Mark" in Eberswalde gewohnt. Es war im Jahre 1699 hierselbst eingewandert **Jacques Fontane** aus Nimes, ein Strumpfwirker seines Zeichens, der indessen Eberswalde bald wieder verlassen hat und 1707 in Berlin gestorben ist. **Rudolf Schmidt.**

Artikel über Fontanes Zeit in Eberswalde in der Zeitung »Deutsche Heimat«, 1931.

Die alte Garde des Erbsen-Vereins.*)

Sr. Magnifizenz, dem Rector und Großwürdenträger, Minister, Staats-Secretair, Ober-Cerimonien-Meister, und Herold sämmtlicher Rang- und Ordens-Verhältnisse des Reichs.

(Mel. Was glänzt dort vom Walde)

Wer sitzet dort oben am Tisch quer vor,
Mit Gold und mit Silber verbrämet?
Wer duftet so stark nach Rhabarber und Chlor?
Weß' Stimm' überbrüllet den lautesten Chor,
Der Stimme kein Löwe sich schämet?
Wer sitzt da so stattlich? Wer kann so schrein?
Chor: Das muß, das muß unser alte L. Fontane sein.

Wer hat wohl von Allen das redlichste Herz
Zur Freundschaft und Freude geschaffen?
Wer liebet vor Allen den harmlosen Scherz?
Wer wird, ist auch morgen der erste März,
In Fröhlichkeit nimmer erschlaffen?
Wer trinkt so pomadig sein Gläschen Wein?
Chor: Das muß, das muß unser alte L. Fontane sein.

Er weiß gebührend nach Rang und nach Stand
Die Menschen zu sichten und zu scheiden,
Er zählt die Bewohner von jeglichem Land,
Versteht wie Hector, mit sicherer Hand,
Die wildesten Rosse zu leiten, —
Drum: Rector im fröhlichen Erbs-Verein,
Chor: Kann nur, kann nur unser L. Fontane sein.

Die alte Garde vom Erbsen-Verein,
Sie weiß ihren Rector zu ehren,
Sie füllt zum Rande die Gläser mit Wein,
Und kann sie zusammen, wie Er auch nicht schrein,
Er soll schon ihr Lebehoch hören.
Es rufet, wer seine Verdienste erwog:
Chor: Es leb', es leb', unser alte L. Fontane hoch!

---

*) Herr Friedr. Fontane teilt uns freundlichst das Gedicht mit, das nach den Papieren, unter denen es sich anfand, etwa in das Jahr 1825 fällt. Selbstverständlich ist der hier gefeierte Fontane der Vater des Dichters, der Inhaber der Löwen-Apotheke.

Gedicht auf Louis Henri Fontane, Verfasser unbekannt.

Die alte Garde des Erbsen - Vereins*
Sr. Magnifizenz, dem Rector und Großwürdenträger,
Minister, Staats -Secretair, Ober - Zeremonien - Meister, und
Herold sämtlicher Rang - und Ordens - Verhältnisse des Reichs

(Mel. Was glänzt dort vom Walde)

Wer sitzet dort oben am Tisch quer vor,
Mit Gold und mit Silber verbrämet?
Wer duftet so stark nach Rhabarber und Chlor?
Wess´ Stimm` überbrüllet den lautesten Chor;
Der Stimme kein Löwe sich schämet?
Wer sitzt da so stattlich? Wer kann so schrein?
Chor: Das muss das muss unser alter L. Fontane sein.

Wer hat wohl von Allen das redlichste Herz
Zur Freundschaft und Freude geschaffen?
Wer liebet vor allem den harmlosen Scherz?
Wer wird, ist auch morgen der erste März,
In Fröhlichkeit nimmer erschlaffen?
Wer trinkt so pomadig sein Gläschen Wein?
Chor: Das muss, das muss unser alter L. Fontane sein.

Er weiß gebührend nach Rang und nach Stand
Die Menschen zu sichten und zu scheiden,
Er zählt die Bewohner von jeglichem Land,
Versteht wie Hector, mit sicherer Hand,
Die wildesten Rosse zu leiten, -
Drum: Rector im fröhlichen Erbe - Verein,
Chor: Kann nur, kann nur unser L. Fontane sein.

Die alte Garde vom Erbsen - Verein,
Sie weiß ihren Rector zu ehren,
Sie füllt zum Rande die Gläser mit Wein,
Und kann sie zusammen, wie Er auch nicht schrein,
Er soll schon ihr Lebehoch hören,
Es rufet, wer seine Verdienste erwog:
Chor Es leb`, es leb`, unser alter L. Fontane hoch!

------

*Herr Friedr. Fontane teilt uns freundlichst das Gedicht
mit, das nach den Papieren, unter denen es sich anfand, etwa in
das Jahr 1825 fällt. Selbstverständlich ist der hier gefeierte Fontane
der Vater des Dichters, der Inhaber der Löwen-Apotheke.

Transkription des Gedichtes.

Es erscheint Louis Henry Fontane

Louis Henry Fontane, der Vater unseres Wanderers durch die Mark Brandenburg, wurde am 30. März 1796 zu Berlin geboren. Zwölf Jahre lang besaß er die nach ihm benannte Apotheke in dem großen Oderbruchdorf Letschin. Im Oktober 1850 heiratete sein Sohn Theodor. Ueber die Teilnahme des Vaters an der Hochzeitsfeier schreibt Theodor Fontane in seinem autobiographischen Bande „Von Zwanzig bis Dreißig": „Ich habe viele hübsche Hochzeiten mitgemacht, aber keine hübschere als meine eigene... Dem Gastmahl „bei Georges" voraus ging natürlich die Trauung, die zu zwei Uhr in der Fournirschen Kirche, Klosterstr., festgesetzt worden war. Alles hatte sich rechtzeitig in der Sakristei versammelt, nur mein Vater fehlte noch und kam auch wirklich um eine halbe Stunde zu spät". Es fällt auf, daß der Dichter nur von seinem Vater, nicht von seinen Eltern spricht. Den Grund erfahren wir anderweitig in dem Bande „Meine Kinderjahre", wo es heißt: „Die Meinungsverschiedenheiten bei den Eltern Fontanes erreichten jedoch bald einen solchen Grad, daß das Ehepaar beschloß, fortab in getrennter Ehe zu leben".

Louis Henry Fontane ging von Letschin nach Eberswalde, wo er wenige Tage nach der Hochzeit seines Sohnes eintraf. Ueber seinen mehrjährigen Aufenthalt in Eberswalde ist man kaum unterrichtet. Selbst Friedrich Fontane, der Sohn des Dichters, vermutet nur, daß sich Louis Henry Fontane vielleicht längere Zeit in Eberswalde aufgehalten hat. Durch einen Zufallsfund, der bei der Sortierung der Eberswalder Niederlassungsakten gemacht wurde, stieß man auf ein Orginalprotokoll, in dem es heißt:

„Actum Neustadt-Eberswalde, den 21. October 1850: es erscheint der Herr Apotheker Louis Henry Fontane aus Letschin und zeigt an: Ich bin hierher gezogen, habe bei dem Fuhrherrn W. Sasse eine Wohnung gemietet und trage darauf an, mir die Niederlassung zu gestatten. In Letschin besaß ich eine Apotheke, diese habe ich verkauft und lebe hier von Barem. Meine Frau hält sich in Berlin auf und jeder von uns hat einen jährlichen Zinsengenuß von 300 Reichstaler. Ueber meine bisherige Führung weise ich mich durch das übergebene Führungsattest aus... v. g. u. L. Fontane."

Das Führungsattest hat folgenden Wortlaut: „Daß der Rentier Louis Henry Fontane, welcher 12 Jahre hindurch Besitzer einer Apotheke im diesseitigen Amtsdorfe Letschin gewesen, während seines Wohnsitzes von eben so langer Dauer daselbst einen moralisch guten Lebenswandel geführt hat, wird demselben behufs seiner Wohnsitznahme in Neustadt-Eberswalde hiermit bescheinigt. Wollup, d. 7. October 1850, Königl. Domainen-Amt m. Koppe".

Louis Henry Fontane starb in Schiffmühle bei Freienwalde/Oder. -dt.

*Artikel über Louis Henri Fontane,
in »Berliner Neueste Nachrichten« vom 24. Mai 1953.*

Die ehemalige Apotheke in Letschin, erbaut 1832 von Apotheker Karl Oltmann.
Die Apotheke wurde 1866 durch einen Brand zerstört.
Die heutige Fontane-Apothek in Letschin wurde 1867 an derselben Stelle errichtet.

Das Fernsehen zu Gast bei Fontane

DR. ERNST-OTTO DENK

Im März 2017 lud die Fontane-Trias den Leitenden Redakteur der Märkischen Oderzeitung Bad Freienwalde, Steffen Göttmann, zu einem Interview ein. Er schrieb danach einen sehr interessanten Bericht, der seinen Weg bis in die Redaktionsräume des Rundfunk Berlin-Brandenburg (RBB) in Potsdam fand.

Kurze Zeit später kündigte Frau Susanne Kallenbach ihren Besuch im Fontanehaus in Begleitung eines Fernsehteams an. Nach kurzer logistischer Besprechung begannen die Außenaufnahmen bei *Hohenzollernwetter*. Wir bestiegen gemeinsam den von Fontane beschriebenen *Zickzackweg* am Bergrücken. Auch der ehemalige Schweinestall von Fontanes Vater wurde fotografiert. Besondere Aufmerksamkeit erfuhr die Stelle des geplanten Gedenksteines im Garten.

Nicht unbeachtet blieb die Geschichte mit den Steinen des Berghanges. Ausführlich widmete sich das Team, unter Begleitung des *Hausherrn* Helmut Otto, dem Innenraum des Hauses, welches in seinem Grundriss komplett erhalten ist.

Zum Abschluss ging es zur nahe gelegenen Grabstätte des Louis Henri Fontane, auf der wir ein Blumengebinde anlässlich seines Geburtstages niederlegten. Es ist das Grab mit dem schönsten Blick in die Umgebung des Oderbruches.

Es entstand ein Film, der am 24. März 2017, am Tag des Geburtstages von Louis Henri, in der Sendereihe »zibb« ausgestrahlt wurde.

Blumenniederlegung am Grab mit dem Team vom RBB.

Blick ins Oderbruch bei »Hohenzollernwetter«.

Susanne Kallenbach im Gespräch mit Helmut Otto.

Schloss Neuenhagen

DR. ERNST-OTTO DENK

*Das Schloss Neuenhagen jenseits der Oder
ist verhältnismäßig wohl erhalten bis auf den heutigen Tag.
Es wird noch bewohnt und bietet, wie wir nicht zweifeln,
einen besseren Aufenthalt als mancher moderne Bau.*

Theodor Fontane

Diese Zeilen schrieb der bekannte Dichter in seinen *Wanderungen durch die Mark Brandenburg* am 8. Oktober 1879. Fontane hatte eine besondere Beziehung zur Stadt Freienwalde. Sie bot reichlich historisches Material und sein Vater lebte ganz ihrer Nähe. In seinem Bericht über den letzten Besuch in Schiffmühle erwähnte er neben Oderberg auch den Ortsnamen Neuenhagen. Vielleicht hat er Schloss Neuenhagen mit seinem Vater besucht. Es ist gar nicht so weit entfernt, hat man erst den Hausberg überschritten. Auf jeden Fall verdanken wir seiner Feder ein bedeutsames historisches Detail.

Die Baugeschichte des Gebäudes führt uns in das Jahr 1575. Schloss Neuenhagen gehört somit an den Beginn der ältesten erhaltenen Profanbauten der Freienwalder Umgebung. In seinen fast 450 Jahren hat das Gebäude viel erlebt. Es hält für den Besucher etliche originale und sehr interessante Baudetails parat.

Wir überspringen ein halbes Jahrtausend und finden uns bei den neuen Besitzern wieder. Seit 2011 ist das älteste, noch erhaltene Schloss im Oderbruch im Besitz von Christina Bohin und Andreas Unterberger. Mit viel Engagement und Liebe haben sie die Sanierung in Angriff genommen.

Heute ist das Haus zu einem kulturellen Zentrum des Oderbruchrandes geworden. Besuchern des Fontanehauses in Schiffmühle sei auch unbedingt ein Abstecher ins Schloss Neuenhagen zu empfehlen.

Der Ostgiebel des Schlosses Neuenhagen.

Caspar von Uchtenhagen,
der Letzte seines Geschlechts.

Stuckreliefs in der Schlosskapelle.

Der »Rittersaal« im Schloss Neuenhagen.

Schloss Neuenhagen, Kaffeebereich in der Fürstenstube.

Epilog

VOLKER PANECKE

Wenn in Berichten über Theodor Fontane die Sprache auf den Zeitpunkt des letzten Besuches des Dichters bei seinem Vater in Schiffmühle kommt, dann wird stets der Sommer des Jahres 1867 genannt. Das ist auch in unserem Buch der Fall und nicht verwunderlich. Theodor Fontane selbst schreibt in seinem autobiographischen Buch *Meine Kinderjahre* dazu:

Ich besuchte ihn alle Jahr einmal, und von meinem letzten Besuche bei ihm, der in den Sommer 67 fiel, möchte ich hier erzählen.

Wer kann es besser wissen, als der Sohn, der zum Vater fuhr? Ein unschlagbares Argument, so scheint es. Doch ganz so einfach ist die Sache nicht. In den Tagebüchern, Briefen und sonstigen Aufzeichnungen des Dichters findet sich bislang kein Hinweis auf eine Reise nach Schiffmühle im Sommer des Jahres 1867. Es ist lediglich eine Fahrt nach Freienwalde unter dem Datum 31. März 1867 dokumentiert. Dies lässt den für seine Gründlichkeit und Kenntnistiefe bekannten Fontane-Forscher Christian Grawe fragen, ob es sich bei dieser Reise nach Freienwalde am 31. März 1867 möglicherweise um den letzten Besuch beim Vater gehandelt hat.

Ich besuchte ihn alle Jahr einmal ..., schrieb Fontane in seinem Erinnerungsband. Sollte der Dichter 1867 im Abstand von wenigen Monaten zweimal in Schiffmühle gewesen sein? Wäre das so, dann hätte Fontane dies sicher vermerkt, zumal es sich um das Todesjahr des Vaters handelte.

Die autobiographischen Erinnerungen sind also die bisher einzige Quelle, die vom Sommer 1867 spricht. Und in der Fontane-Forschung ist man sich einig, dass sich unser Dichter bei diesem Werk große dichterische Freiheiten geleistet hat. Warum auch nicht? Der Untertitel lautet ja *Autobiographischer Roman*. In einem Roman ist das gestattet.

Bekanntlich hat Fontane immer großen Wert auf bildhafte Eindrücke, Unterhaltsamkeit und Spannung in seinen Geschichten gelegt, was ihn manchmal mit Daten etwas locker umgehen ließ. Meine Erklärung lautet: Die Formulierung *Sommer 67* gefiel ihm einfach besser, als *Frühjahr 67*. In Fontanes Leben und Werk wird man, da bin ich mir sicher, noch manch Überraschendes entdecken.

ANHANG

Danksagung

Die Recherchen zu diesem Buch waren überaus erfolgreich. Das haben die Autoren etlichen Einrichtungen und zahlreichen Experten zu verdanken, die dieses Projekt hilfreich unterstützten. Dabei ging es nicht allein um das vorliegende Buch über Louis Henri Fontane, sondern darüber hinaus auch um Überlegungen, wie dem Schriftsteller, seiner Familie und dem Fontanehaus in Schiffmühle am besten zu gedenken sei.

Allen Unterstützern sowie den hilfreichen und ermunternden Stimmen sagen wir unseren Dank. Namentlich hervorgehoben seien:

- Das Theodor-Fontane-Archiv der Universität Potsdam mit Sitz in der Villa Quandt. Hier stand uns vor allem Klaus-Peter Möller mit Rat und Tat zur Seite.
- Das Büro *Fontane 200* in Potsdam. Der Leiter, Hajo Cornel, suchte mehrere Male das Fontanehaus in Schiffmühle auf, um mit den Herausgebern Möglichkeiten der Fontane-Ehrung zu besprechen.
- Die Brandenburgische Gesellschaft für Kultur und Geschichte und hier vor allem die Einrichtung Kulturland Brandenburg, Potsdam. Die Geschäftsführerin, Frau Faber-Schmidt, nahm sich für uns viel Zeit.
- Das Brandenburgische Landeshauptarchiv in Potsdam.
- Das Hugenotten-Museum in Berlin.
- Das Domstiftsarchiv in Brandenburg.
- Das Kreisarchiv Landkreis Barnim in Eberswalde.
- Der Heimatverein Letschin in Letschin.
- Der Landkreis Märkisch Oderland, sowie die Stadt Bad Freienwalde.
- Für die publizistische Begleitung des Projektes sei der Lokalredaktion Märkische Oderzeitung in Bad Freienwalde sowie der Redaktion »zibb« des RBB-Fernsehens Dank gesagt.

*Die Autoren
Dr. Ernst-Otto Denk,
Helmut Otto und
Volker Panecke
im Fontanehaus.*

Dank gesagt sei nicht zuletzt all denen, die diesem Buch, aber auch der Ausgestaltung des Fontanehauses in Schiffmühle sowie der Pflege der Grabstelle auf dem Friedhof in Neutornow, ganz praktische, konzeptionelle, logistische und materielle Unterstützung zukommen ließen. Hier gebührt zunächst dem Fontane-Büro und der Brandenburgischen Gesellschaft für Kultur und Geschichte GmbH, Kulturland Brandenburg, großer Dank. Sehr hilfreich war auch die Unterstützung, die das Projekt seitens der Sparkasse Märkisch Oderland, des Krankenhauses Wriezen sowie der Volks- und Raiffeisenbank Fürstenwalde, Seelow, Wriezen, erfuhr. Sehr geholfen hat auch die Unterstützung durch die beiden *privaten* Freunde des Fontanehauses, Bodo Petersdorf und Frank Mengewein sowie die Zuwendung, die wir durch den Verein VFBQ Bad Freienwalde erhielten.

Ohne die kostenlose Überlassung eines Findlings durch das Kieswerk Hohensaaten gäbe es den Erinnerungsstein im Garten des Fontanehauses nicht. Dem Geschäftsführer, Karl-Heinz Curosozck, ist hiermit gedankt. Die Inschrift übernahm die *Steinmetz Laudanski GmbH* in Bad Freienwalde, dankenswerterweise ebenfalls unentgeltlich. Die Firma Laudanski erneuerte auch die Schrift in der Grabplatte des Grabes von Louis Henri Fontane sehr zügig und unkompliziert.

 Mit freundlicher Unterstützung des Fontane-Büros und der Brandenburgischen Gesellschaft für Kultur und Geschichte gGmbH, Kulturland Brandenburg.

Literaturnachweis

- Bosetzky, Horst, *Mord und Totschlag bei Fontane*, Jaron Verlag, Berlin, 1998
- Bosetzky, Horst, *Unterm Kirschbaum*, Ein Theodor-Fontane-Krimi, Verlag Gmeiner Original, Meßkirch, 2009
- Desel, Jochen, *Theodor Fontane. Seine Familie und seine französische Abstammung*, Fachblatt *Genealogie*, Neustadt/Aisch, Heft 11/12, 1998
- Drude, Otto, *Theodor Fontane. Leben und Werk in Texten und Bildern*, Insel Verlag, Frankfurt a. M./Leipzig, 1994
- Fontane, Theodor, *Autobiographische Schriften I, Meine Kinderjahre, Schriften II, Von Zwanzig bis Dreißig*, Aufbau Verlag, Berlin, 1982
- Fontane, Theodor, *Tagebücher Band 1 (1852, 1855–1858)*, Aufbau Verlag, Berlin, 1994
- Fontane, Theodor, *Tagebücher Band 2 (1866–1882, 1884–1898)*, Aufbau Verlag, Berlin, 1994
- Fontane, Theodor, *Romane und Erzählungen in acht Bänden*, Aufbau Verlag, Berlin und Weimar, 1973
- Grawe, Christian, *Fontane-Chronik*, Verlag Philipp Reclam jun., Stuttgart, 1998
- Grawe, Christian, *Führer durch Fontanes Romane*, Verlag Philipp Reclam jun., Stuttgart, 1996
- Grawe, Christian und Nürnberger, Helmuth, *Fontane-Handbuch*, Verlag Kröner, Stuttgart, 2000
- Grawe, Christian, *Fontane zum Vergnügen*, Verlag Philipp Reclam jun., Stuttgart, 1994
- Grätz, Katharina, *Alles kommt auf die Beleuchtung an*, Verlag Philipp Reclam jun., Stuttgart, 2015

- Horlitz, Manfred, *Theodor Fontanes Vorfahren. Neu erschlossene Dokumente, überraschende Entdeckungen*, Stapp Verlag, Berlin, 2009
- Nürnberger, Helmuth, *Fontanes Welt*, Verlag Pantheon, München 2007
- Ohff, Heinz, *Theodor Fontane. Leben und Werk,* Verlag Piper, München, 1995
- Reuter, Hans-Heinrich, *Fontane, Band 1*, Nymphenburger Verlagshandlung, München, 1968
- Ziegler, Edda und Erler, Gotthard, *Theodor Fontane. Lebensraum und Phantasiewelt*, Verlag Edition AV, Frankfurt a. M., 2002

Die verwendeten Materialien bei der Erstellung des vorliegenden Buches über Louis Henri Fontane sind so zahlreich und vielfältig, dass wir in unserem Literaturnachweis, den wir zugleich als Literaturempfehlung für den geneigten Leser verstehen, nur eine Auswahl der Publikationen angeben können.

Autoren

Horst Bosetzky, Schriftsteller, Berlin

Hans-Joachim Cornel, Leiter des Büros *Fontane 200* in Potsdam

Dr. Ernst-Otto Denk, Augenarzt und Heimatforscher, Bad Freienwalde

Theodor Fontane (1819–1898), deutscher Schriftsteller

Walter Henkel, Lehrer im Ruhestand, Bad Freienwalde

Helmut Otto, Heimatforscher und Ortschronist, Schiffmühle

Volker Panecke, Publizist und Buchautor, Eichwalde (bei Berlin)

Rudolf Schmidt (1875–1943), Journalist und Regionalhistoriker, Eberswalde

Joachim Schobeß (1908–1988), ehemaliger Leiter des Fontane-Archivs in Potsdam, Begründer der *Fontaneblätter*

Bildquellenverzeichnis

Archiv Fontanehaus Schiffmühle: Cover und S. 15 (Bleistiftporträt), 52–54, 60 (2), 61 (2), 62 (2), 63 (2), 64 (2), 65, 66 (2), 67 (2), 68, 69 (2), 70 (2), 71 (2), 72 (2), 73, 101, 122, 123 (2);

Archiv Heimatverein Letschin: S. 102–111, 112–115, 116–117, 118-119;

Bohin, Christina: S. 132 (2 o.), 133;

Brandenburgisches Landeshauptarchiv, Potsdam: S. 1 (Unterschrift), 80–99;

Denk, Ernst-Otto (Sammlung): S. 4 (Aquarell), 8, 17, 19, 20, 26, 28, 29, 37, 38, 50, 128, 129 (2), 130;

Findling Verlag (Bildarchiv): S. 39, 48, 49, 74 (Karte);

Hugenottenmuseum Berlin: S. 120 (2), 121 (1);

Klug, Andreas: S. 131;

Märkische Oderzeitung: S. 56;

Mette, Helmut: S. 137;

Mundzeck, R.: S. 132 (u.);

Otto, Helmut (Archiv Fontanehaus): 23, 32, 34, 35, 41, 55, 57, 58 (2), 57, 59;

Panecke, Katharina: Vignette Stein »POUR L. H. F.«;

Petersdorf, Bodo: S. 121 (u.);

Pfarrarchiv Oderberg: S. 100;

Theodor-Fontane-Archiv, Potsdam: S. 79 (2), 124–126;

S. 127: Das Bild wurde uns mit freundlicher Unterstützung des Letschiner Heimatvereins zur Verfügung gestellt. Eine Kopie hängt in der Fontane-Apotheke in Letschin.

Die Transkription der Dokumente wurde von Bodo Petersdorf ausgeführt.

Bibliografische Information der Deutschen Nationalbibliothek
Die Deutsche Nationalbibliothek verzeichnet diese Publikation
in der Deutschen Nationalbibliografie, detaillierte bibliografische Daten
sind im Internet über dnb.ddb.de abrufbar.

Herausgeber: Viadrus Press
16259 Bad Freienwalde (Oder), Uchtenhagenstraße 22

Die Idee für dieses Buch wurde geboren im Studienkreis *Freunde des Fontanehauses Schiffmühle*.
Dem Studienkreis gehören an: Dr. Ernst-Otto Denk, Helmut Otto und Volker Panecke.

Gesamtgestaltung: Findling Verlag, Werneuchen
© 2017 Findling Verlag
Buch- und Zeitschriftenverlag Sandra Knopke & Saskia Klemm GbR

16356 Werneuchen
Kirchstraße 12
www.findling-verlag.de
info@findling-verlag.de

Die Bildnachweise und die Nennung der Quellen bzw. Urheber der Abbildungen
sind im Bildquellenverzeichnis aufgeführt.
Sollten sich Dritte in Ihren Persönlichkeitsrechten verletzt fühlen,
so nehmen Sie bitte Kontakt mit uns auf unter: info@findling-verlag.de.

Alle Rechte vorbehalten, insbesondere das des öffentlichen Vortrags, sowie
der Übertragung durch Rundfunk und Fernsehen. Vervielfältigung und
Verarbeitung nur mit schriftlicher Genehmigung des Verlages und der Autoren.

1. Auflage 2017

Druck: Druckzone GmbH & Co. KG, Cottbus

ISBN 978-3-933603-34-0